话术

让人疲倦和让人开心的说话方式

[日] 野口敏 著　魏海波 译

上海遠東出版社

图书在版编目(CIP)数据

话术:让人疲倦和让人开心的说话方式/(日)野口敏著;魏海波译. —上海:上海远东出版社,2018
(走进日本)
ISBN 978-7-5476-1163-0

Ⅰ. ①话… Ⅱ. ①野…②魏… Ⅲ. ①语言艺术—通俗读物 Ⅳ. ①H019-49

中国版本图书馆 CIP 数据核字(2018)第 220873 号

图字:09-2018-986 号
ISSHO NI ITE TSUKARERU HITO NO HANASHIKATA RAKU NA HITO NO HANASHIKATA

责任编辑 黄涵清
封面设计 张晶灵

话术
——让人疲倦和让人开心的说话方式
【日】野口敏 著
魏海波 译

出　　版 上海遠東出版社
(200235 中国上海市钦州南路 81 号)
发　　行 上海人民出版社发行中心
印　　刷 上海信老印刷厂
开　　本 890×1240 1/32
印　　张 6
字　　数 129,000
版　　次 2018 年 11 月第 1 版
印　　次 2021 年 8 月第 3 次印刷
ISBN 978-7-5476-1163-0/G・900
定　　价 38.00 元

总 序

关注日本，研究日本

卢明明

打开世界地图，在中国的东北方向有个由一连串大小迥异的岛屿构成的国家，它既是我们两千余载的近邻，又是一百来年的宿敌。

一、中国如何看日本

倘若有兴趣上网搜索一下古今中外要人对日本的评价，会发现如下信息：

大清康熙皇帝曰："倭子国，最是反复无常之国。其人，甚卑贱，不知世上有恩谊，只一味慑于武威……"

法国孟德斯鸠云："日本人的性格是非常变态的。在欧洲人看来，日本是一个血腥变态、嗜杀成性的民族。日本人顽固不化、任性作为、刚愎自用、愚昧无知，对上级奴颜婢膝，对下级凶狠残暴。日本人动不动就杀人，动不动就自杀。不把自己的生命放在心上，更不把别人的生命放在心上。所以，日本充满了混乱和仇杀。”

法国戴高乐总统谓：“日本，这是一个阴险与狡诈的残忍民族。这个民族非常势利，其疯狂嗜血程度类似于欧洲中世纪的吸血鬼德库拉，你一旦被他看到弱点，喉管立即会被咬破，毫无生还可能。”

美国富兰克林·罗斯福总统称：“日本民族是有史以来我见过的最卑鄙、最无耻的民族。”

巨富约翰·D·洛克菲勒说：“日本人除了复制别国科技外一事无成，它何曾独立为世界文明作过贡献？充其量只是个工匠型的二流民族而已。”

据日本《朝日新闻》2016 年 5 月 3 日报道，公益财团法人新闻通信调查会对外公布其在美国、中国、韩国、英国、法国及泰国共 6 个国家所实施的“有关日本媒体舆论调查”，结果显示，中国受访者对日本的负面和正面看法分别为 90%和 5%。

每逢“九一八”“七七”等中国的国耻日、纪念日，以及中日两国因钓鱼岛问题勾起纠纷时，大批中国民众会异常激愤地在网上对日本口诛笔伐。

不言而喻，中国人民在与日本的战火中备受戕害。战后，中日两国在 20 世纪 70 年代恢复邦交后，曾一度建立起相当密切的交往合作关系。遗憾的是，两国关系近年来发生逆转，持续低迷。

从我们的历史记忆和现实视野中，对于这个国土窄小但具有能量的国家，似应注意到这样两个侧面：

一面，因为与清、俄两回格斗，自战胜而狂，悍然撕咬亚洲各国，并在整个世界恣肆掀动腥风血雨，四邻皆成深仇大恨。

一面，由于吞虎吞象，一朝摧折，缘战败而强，决然革新体制结构，激励全体国民迅捷复兴社会经济，一跃而为经济强国。

对于日本这个中国长久的近邻和曾经的宿敌，我们理应格外关注和深入研究。要注意的是，日本绝不是能用唾沫淹之的“蕞尔小国”。

知己知彼不仅是战场、商场斗争的必要条件，也是人际、国际交往的基本前提。事实上，迄今为止，我们对这个国家的认知，似可以一言蔽之：眼中茫昧，梦里依稀。

众所周知，中国知有日本乃始于《山海经》，以后历代正史大多设有日本传记；至明清，叙述稍详。但所有这些著录，都不免停滞在浅表层面。恰如陈舜臣先生所言：“过去中国人了解日本，主要是从旅行者、九州古代政权的使者等那里听来的，不论是关于理论还是关于现实，都是很遥远、很朴素的传闻。”

直至近现代，自黄遵宪的《日本国志》、戴季陶的《日本论》、王芸生的《六十年来中国与日本》、蒋百里的《日本人：一个外国人的研究》等寥若晨星的专著问世，才开始改变中国人对日本“知其一不知其二，见其外不识其内”的粗略认知。

作为戊戌变法重要参与者的黄遵宪，堪称高度关注、系统研究日本的中华第一人。他就任驻日参赞官期间，亲见明治维新通过一系列制度改革而致日本神速富强的事实，“乃信其改从西法，革故取新，卓然能自树立”。因此，黄遵宪花费八九年时间，精心编写了以介绍制度为主的《日本国志》，以“质之当世士夫之留心时务者”，纠正国人对日本的模糊观感。

他所写的《日本国志》共40卷、50余万字，分“国统”“邻交”“天文”“地理”“职官”“食货”“兵”“刑法”“学术”“礼俗”“物产”“工艺”等十二志，书中对明治维新的相关内容记述颇详。全书除“国统”“职官”“邻交”“学术”等志略述古代内容外，其余八志全部记载明治维新历史。书中以“外史氏曰”的方式来阐述黄遵宪自己对这场变革的研判，且推及中国。

但因清廷高层颟顸，黄遵宪《日本国治》一书的出版搁置十年之久，迨至甲午战败才得以问世。梁启超因之甚为痛惜，认为倘《日本国志》能及时出版，就不至“令中国人寡知日本，不鉴，不备，不患，不悚，以至今日也”。

此书甫一出版，洛阳纸贵，广受热捧，在戊戌变法时期对光绪皇帝及朝野维新人士影响甚巨，一时间引发了学习日本的思潮；不少人甚至倡言聘用伊藤博文担任朝廷改革顾问，贵州举人傅夔干脆奏请“留伊藤为相，以行新政”。

后来，尽管发生了戊戌政变，以慈禧为核心的清朝统治集团对于明治维新的兴致却不稍衰减。1905年，为缓解统治危机，清廷想效仿君主立宪，派出两个高级代表团，分别前往欧美和日本等国考察政治，立宪派重要代表、镇国公爱新觉罗·载泽率团亲赴日本考察立宪制度。直到清朝结束统治，这波高潮才渐消退。

十几年后，留学、旅居日本多年的戴季陶“鉴于中国人对于日本，总抱着一个‘我们是文化的先进国’的历史心理”，“对于日本的社会，观察错误和判断错误，很普遍的”。他警醒国人：“你们试跑到日本书店里去看，日本所做关于中国的书籍有多少？哲学、文学、艺术、政治、经济、社会、地理、历史各种方面，分门别类的，有几千种。每一个月杂志上所登载讲‘中国问题’的文章，有几百篇。参谋部、陆军省、海军军令部、海军省、农商务省、外务省、各团体各公司派来中国长驻调查或是旅行视察的人员，每年有几千个。单是近年出版的中国丛书，每册在五百页以上，每部在十册以上的，总有好几种；一千页以上的大著，也有百余卷。‘中国’这个题目，日本人也不晓得放在解剖台上解剖了几千百次，装在试验管里化验了几千百次。”他嗟吁：“我们中国人却只是一味地排斥反对，再不肯做研究工夫。”戴季陶为此奋笔撰成《日本论》，从宏观角度揭示日本的文化传统与社会性格，并从具体的神学理论、军政大佬个性、外交关系事件等微观角度进行剖析。

1937 年 8 月，民国时期著名军事学家蒋百里撰写了《日本人：一个外国人的研究》，严厉批判日本民族是“一个原来缺少内省能力、缺少临时应用能力的急性的民族”，“原是崇拜外国人的”，但也认可其“很能研究外国情形。有许多秘密的知识，比外国人自己还丰富”，最后引用一位德国长者的告诫“胜也罢，败也罢，就是不要同他讲和”。

由此以降，斗转星移，相似成果，不复见矣。

近年来，虽有中国学者文人撰写若干介绍、研究日本的著述，但仍显管窥蠡测之陋、凤毛麟角之稀。

二、其他国家如何看日本

至今，对日本研究最为透彻的国家首推美国，其中有两位专家影响最大，即露丝·本尼迪克特和埃德温·赖肖尔。

第二次世界大战临近尾声时，为制定对日最后决策，美国政府动员各方专家研究日本，提供资料和意见，其中包括人类学家本尼迪克特。她根据文化类型理论，运用文化人类学方法，把战时拘禁在美国的日本人作为调查对象，同时参阅大量书刊和日本的文学、电影，完成报告。其结论是：日本政府会投降；美国不能直接统治日本；要保存并利用日本原有的行政机构。1946 年，她将自己的研究成果整理出版，取名《菊与刀》，向世界全方位介绍日本的历史、文化、民俗、宗教和制度，旨在“为了对付敌人的行动，我们必须要理解敌人的行为”，“我们必须努力弄清日本人的思想、感情的脉络以及纵贯这些脉络之中的特点和规律，了解他们在思维和行动的背后所隐藏的强制力”。

接着，长期批评美国政府对亚洲文化特别是日本文化陷于无知泥淖的学者赖肖尔连续发表学术著作，不时举办教育讲座，以促进美国对日本文化的了解。后来，约翰·肯尼迪总统任命他为驻日大使。赖氏在任期内获得了巨大成功，有效增进了美日两国的关系。

赖肖尔在这方面的研究成果有同费正清合著的《东亚：伟大的传统》(1960 年)，以及《日本：一个民族的故事》(1970 年)、《日本人》(1977 年)和《1907—1982 年的日本社会》(1982 年)等。

在这些研究者眼中，日本人和日本文化具有相当的独特性。

一方面，“日本人围绕着禅宗形成了一整套系统的审美观点，这些思想观念成为日本文化的永恒因素。日本人认为纤细、简单、自然乃至畸形怪状，比庞大、壮观、造作和整齐划一珍贵”；另一方面,“日本人生性极其好斗而又非常温和,黩武而又爱美,倔傲自尊而又彬彬有礼,顽梗不化而又柔弱善变,驯服而又不愿受人摆布,忠贞而又易于叛变,勇敢而又懦怯,保守而又十分欢迎新的生活方式。他们十分介意别人对自己的行为的观感,但当别人对其劣迹毫无所知时,又会被罪恶所征服。他们的军队受到彻底的训练,却又具有反抗性”。

具体而言,表现在这样几个方面。

1. 文化素质方面

(1) 善于学习

“他们保留了自己的文化特性,而且还显示出他们确实是一个具有非凡创造能力的民族”;“一贯重视非物质资源”,“善于吸取别国的先进技术和文化”。

(2) 崇尚教育

日本人从一开始就非常重视基础教育,从而确立了牢固的民族国家和高等教育的基础;“是世界上受到最优秀教育的民族”。

(3) 遵从集体

日本人具有酷爱成群结队的天性,“集团主义是日本民族的性格特征”;“建立了对于小团体和整个国家都非常珍贵的团结。日本企业的成功极为依赖这种团结,而集体意识是日本民族力量的核心”。

为了使团体制度成功地运转,日本人认为应该明智地避免公开对抗。为避免冲突并维护集体团结,日本人广泛运用中间调停的办法,“尽量减少直接竞争的做法贯穿于日本人的全部生活”。所以他们不喜欢打官司,宁愿接受仲裁和妥协,“诉诸法庭是走投无路的办法”。

（4）重视等级

日本人认为等级制度是天经地义的，身份地位举足轻重，但是阶级意识和实际的阶级差别极其单薄和微弱。他们对等级制的信赖是基于对个人与他人以及个人与国家之间的关系所持的整体观念，但并非无条件地承认等级制的优越，习惯运用一些明确的手段以调节制度，使之不致破坏公认的常规。

在家庭以及人际关系中，年龄、辈分、性别、阶级决定着适当的行为。在政治、宗教、军队、产业等各个领域都有十分周到的等级划分，无论是上层还是下层，一旦逾越其特权范围，必将招致惩罚，充分体现了“各得其所，各安其分”的信条。

同样，日本人在看待国际关系的全部问题时，也都带着等级制的观念。

（5）讲求修养

日本式的教养要求任何动作都要文静，每一句言辞都要符合礼貌。自我修养的概念大致可分为两类：一类是培养能力，另一类则不仅培养能力，而且要求更高，日语称之为“圆熟”，是指在意志与行动之间“毫无障碍，纤发悉除”的体验，它使人们能够最有效地应付任何局面，用力不多不少，恰如其分，能使人控制恣意妄为的自我，不躁不乱，无论是遇到外来的人身危险还是内心的激动，都不会失去镇定。

在日本，孩子要在家里学习礼仪并细致地观察礼仪。母亲背着婴儿时就要用手摁下婴儿的头，教其懂礼节。幼儿摇摇晃晃会走路时，要学的第一课就是尊敬父兄。妻子要给丈夫鞠躬，孩子要给父亲鞠躬，弟弟要给哥哥鞠躬；女孩子则不论年龄大小，都要向哥哥和弟弟鞠躬。

(6) 通达应变

“日本已经证明自己是一个生机勃勃、充满活力、能适应快速的有目的的变化的民族”，对于变化着的外部局势的反应极其敏锐，能迅疾判断形势，把握时机，迎接挑战；“一旦他们选择了一条路就会全力以赴，如果失败了，就顺理成章地选择另一条路”，他们认为采取了某个行动方针却未能实现目标，就会把它当作失败的主张加以抛弃。

2. 道德素质方面

日本人的人生观表现在他们的“忠、孝、情义、仁、人情”等德行规定之中。他们认为，“人的义务的整体”就像在地图上划分势力范围一样分成若干领域。用他们的话来说，人生是由“忠的世界”“孝的世界”“情义的世界”“仁的世界”“人情的世界”及其他许多“世界”组成的。

(1) 忠君守法

日本人“忠”的对象转向具体的人，且特指天皇本人。从丧葬到纳税，税吏、警察、地方征兵官员都是臣民尽忠的中介。

1945 年 8 月 14 日日本投降时，日本人的“忠”向全世界展示了。在天皇尚未宣布投降之前，反对者们围住皇宫，试图阻止停战诏书的宣布；但诏书一旦宣布，他们就全都服从了。

(2) 行孝敬祖

日本的“孝道”只局限于家庭内部，充其量只包括父亲、祖父，以及伯父、伯祖父及其后裔，其含义就是在这个集团中，每个人应当确定与自己的辈分、性别、年龄相适应的地位。孝道是必须履行的义务，其中甚至包括宽待父母的恶行或失德。

日本人的祖先崇拜只限于记忆中的祖先。祖先墓碑上的文字每年都要见新，若是已无记忆的祖先，其墓碑就无人过问，家里佛龛上也没有他们的灵位。日本人注重的，是现时现地。

(3) 重义推诚

"在日本，'义'是靠承认一个人在互欠恩情这张巨网中的适当地位来维持的，这张网既包括其祖先，也包括其同代人。"

日本人对老师、主人负有特殊之恩，因为他们都是帮助自己成长的人，对自己有恩，所以将来也可能在老师、主人等有困难时答应他们的请求，或对他们身后的亲属给予特别照顾。人们必须不遗余力地履行这种义务，而且这种恩情并不随着时间流逝而减轻，甚至时间越久，恩情越重，形成一种"利息"。所以日本人不喜欢随便受恩而背上人情债。

在日本，自尊心是与报答施恩者联系在一起的，人们把不能报恩的人视为"人格破产"之人。

在道德方面，日本人强调"诚"，"是指热诚地遵循日本道德律和日本精神所指示的人生道路"。"诚"这个词经常用来赞扬不追逐私利的人，也经常被用来颂扬不感情用事的人。

(4) 知耻自律

日本人把羞耻感纳入道德体系之中。不遵守明确规定的各种善行标志，不能平衡各种义务，或者不能预见偶然性的失误，都是耻辱。他们认为，知耻为德行之本，任何人都需注意社会对自己行动的评价。他们须推测别人会作出何种判断，并针对别人的判断调整行为,其"共同特点是以操行毫无缺陷而自傲"。

他们热衷于自律和磨练毅力;日本人说的"自重",意思是自我慎重,自重也常常意味着克制。

再有,面对无法完成的复仇目标,日本人往往会倾向于毁灭自己,以"保证尊严和荣誉不被践踏"。

(5) 适情享乐

他们追求享乐,尊重享乐,但享乐又必须恰如其分,不能侵入"人生重大事务",不能把享乐当作严肃的生活方式而纵情沉溺。他们把属于妻子的范围和属于性享乐的范围划得泾渭分明,两个范围都很公开、坦率。

3. 心理素质方面

(1) 感情深沉

他们尽可能地掩藏自己的感情,无论喜怒哀乐,都尽量对人笑脸相迎。

(2) 坚韧不拔

日本人既有一种宿命论的思想,承认自然界可怕的威慑力量,也有一种坚强的毅力,在灾难发生后重振旗鼓、发愤图强。一个由自制自律而又意志坚强的个人组成的社会能产生一种动力,据此可以解释这个民族所展现出的奋斗精神和雄心壮志。

(3) 冒险挑战

他们崇尚武力,热情洋溢,激动好斗,骨子里带有天然的侵略性。

(4) 谨小慎微

日本文化反复向人们的心灵深处灌输谨小慎微,轻易不结交新朋友;但一旦成为朋友,友谊也能牢固地保持下去。

日本人的精神高度紧张,唯恐失败,唯恐自己付出巨大牺牲后从事的工作仍不免遭人轻视。他们有时会爆发积愤,表现为极端的攻击行动。

4. 劳动素质方面

他们勤奋工作,能充分地利用每一平方英尺的可耕地,绝不浪费一点点土地。

5. 身体素质方面

他们很重视锻炼,其传统包括最严酷的冷水浴。这种习惯往往被称作“寒稽古”(冬练)或称“水垢离”(用冷水洗身锻炼)。

至20世纪80年代,日本已成为世界上平均寿命最长的国家。

综上所述,日本民族实在是个具有诸多特色的民族。

三、研究、学习和超越

多数国人也许并不知道,在戊戌政变期间和辛亥革命前后,日本政要及民间人士曾经资助过中国的维新派与革命派人士。

1898年9月21日,慈禧太后重新“临朝训政”,立即下令逮捕康氏兄弟等维新派官员。梁启超前往日本使馆请求避难,日本公使林权助请示伊藤博文首相,伊藤指示:“那么就救他吧,救他逃往日本。如至日本,由我来照顾他。梁这位青年,对中国来说,实在是宝贵的人物。”林于是将梁秘密送往日本。不久,康有为、黄遵宪等人亦在伊藤等的帮助下,先后到日本避难。之后,伊藤还应英国公使要求,亲往李鸿章宅邸,为已经被捕的维新派官员张荫桓求情。

孙中山在日本期间，也多次受到日本方面的援助。1913 年 8 月，孙中山等革命党人避难日本，袁世凯曾向日本方面提出过驱逐孙的要求，遭到婉拒。正是在日本政府的着意庇护之下，孙中山才得以同日本各大财团、民间人士、浪人组织以及军部、参谋本部人士进行广泛联络，以筹措资金，组织人员，整合力量。于是乎，日本一度成为中国革命派培养、酝酿革命力量的基地。

审视日本近一个半世纪以来的发展历程，不能不认识到，正是明治维新为这个国家走向近代化和现代化、自立于世界奠定了厚实的路基，提供了巨大的动能，造就了优异的禀赋。

从这场改变日本国运的改革浪潮中，我们应能发现这个国家所拥有的素质。

第一，奋迅灵动的学习素质。

正如赖肖尔所言，日本人“对于中国，对于其他民族，从未丧失过研究的兴趣，也从未停滞过研究、思索的步伐。他们的做法是：研究、学习，然后超越”。他们尊奉“不耻效人，不轻舍己”的学习观，既勤于模仿别人，又善于在学习、吸收外国文化的同时保持自身的文化个性，亦即“能合欧化汉学熔铸而成日本之特色”。

戴季陶指出，日本明治维新的建设“并不是靠日本人的智识能力去充实起来，而是靠客卿充实起来的。军队是德国人替他练的，军制是德国人替他定的。一切法律制度，在最初一个时代，差不多是法国的波阿索那德顾问替他一手造起的。然而指挥、统制、选择、运用，都是在日本人自己”。

相反，几乎在同一国际背景下，且先于日本启动的、以学习和引进西方长技为中心的清朝洋务运动，则继承了中国历代大一统专制王朝僵化的文化、政治基因，“畏天命，畏大人，畏圣人之言”“法先王”“遵守祖宗旧制”，束缚于“中学为体，西学为用”的桎梏之中，“一切政教风俗皆不敢言变更”。李鸿章等重臣偏狭肤浅地以为，“中国文武制度，事事远出西人之上，独火器万不能及。……中国欲自强，则莫如学习外国利器；欲学习外国利器，则莫如觅制器之器，师其法而不必尽用其人”。倒是通商大臣张树声看得比较透彻，他认为西方国家“育才于学堂，论政于议院，君民一体，上下同心，务实而戒虚，谋定而后动，此其体也。轮船火炮，洋枪水雷，铁路电线，此其用也。中国遗其体而求其用，无论竭蹶步趋，常不相及，就令铁舰成行，铁路四达，果足恃欤”。

光从西方引入“战舰之精”“机器之利”等细枝末节，忙活了三十来年的“同光新政”，终于免不了“掘井九轫而不及泉，犹为弃井也”的结局。

第二，通达务实的体制素质。

胡汉民在为戴氏《日本论》所写的序中曾这样评议：“日本之一大飞跃，只是指导者策划得宜。地球上任何邦国，没有像日本指导员和民众两者间智力教育、思想、伎俩悬隔之大的，而能使治者与被治者之间无何等嫉视、不缺乏同情。就是指导者策划实施一切得宜，他们遂能成就此之当世任何大政治家毫无逊色的大事业。”

明治时期，日本建立了国会。从那时起，日本政府就已形成“由集团而非个人进行领导的优秀传统”，“从来没有出现过独裁者，也从来没有人企图攫取这种权力”，“对独裁权力乃至领袖权威的反感和对群体合作的强烈偏爱，构成了日本政治遗产的特征”。

领导人“总是组成一个集体，轮流负责各种行政事务”，“日本人不是在高层由个人决策，而是同部属进行广泛的非正式协商，产生一致意见”；“他们也明白，国家不能只局限于政府少数人的专制”。吉田茂表示，“明治时期的领导者们以天皇为中心，从自己强烈的责任感出发，保存了决定权，尤其关心如何来吸取国民的活力并如何加以运用”。

1868 年，明治天皇颁布了“五条誓文”：“一、广兴会议，万机决于公论；二、上下一心，盛行经纶；三、文武一途以至庶民，各遂其志，人心不倦；四、破旧有之陋习，基于天地之公道；五、求知识于世界，大振皇基。”明确宣示了整个国家管理的准则。

回看中国的专制政权，其任何关键决策必须恭请圣谕、圣旨，惟蛰居深宫大院的最高统治者马首是瞻。这种决策体制的问题在于：因“天泽极严，君臣远隔”，“自内而公卿台谏，外而督抚，数百十人以外，不能递折”，故“虽有四万万人，实数十资格老人支柱掩塞之而已”。身处权力中心的最高决策者凭借这样的信息通道，根本无法及时、准确地了解国家的真实情况，以致“民之所欲，上未必知之而与之也；民之所恶，上未必察之而勿之施也”。民众企盼“英明”决策，无异于缘木求鱼！而且，因群臣百姓不敢“妄议朝政”，在决策的实施过程中，对目标的偏离不仅得不到迅速纠正，反而会不断加强，直至出现重大失误后才有可能被最高决策者感知，于是引起社会振荡。

如赖肖尔所见，日本人从过去的遗产中得到的“重要的政治财富，是政府具备伦理道德基础的强烈意识”。

应当承认，日本统治集团的抱负从不拘囿于政权利益，而是始终放眼于民族利益和国家利益。他们的战略目标是“看见必定要造成新的生命,然后旧的生命才可以继续;必定要能够接受世界的新文明,才能够在新世界中求生存;在国内的政治上,他更看得见一代的革命必定要完全为民众的幸福着力,必定要普遍地解放民众,才可以创出新的国家”,旨在创造“为‘人民的生活、社会的生存、国民的生计、群众的生命’而努力的历史”。

并且,这种统治理念和施政行为已被广大日本国民所理解和接受,实现“上下同欲”。正因如此,一百多年间,无论经济、政治、军事如何跌宕起伏,日本整个国家总能“上下一心”、全力以赴。

反观顾盼自雄的清朝,其重大举措罔顾民族、民生休戚,始终只为专制统治服务。

在甲午战争中,清廷一方面通过加征税赋维持军费,另一方面却不惜动用国库,耗费巨额银两为慈禧太后修园祝寿;参战清军治疗伤病的费用和营养费竟要个人承担,战地医疗无法保障。专制政权下,这种视百姓为草芥的愚民、殃民政策,怎么可能帮助清朝获取战场对决的胜券?

第三,睿智忠谨的精英素质。

首先是政治精英。据戴季陶考察,日本的改革“并不是由大多数农民或者工商业者的思想行动而起的,完全是由武士一个阶级发动出来的事业。开国进取的思想固不用说,就是‘民权’主义,也是由武士这一个阶级里面鼓吹出来的”。

明治时期,一大批年轻的政治家、军事家和实业家得以进入政府决策集团。当16岁的睦仁天皇登基时,木户孝允、大久保利通、西乡隆盛等“明治三杰”的年龄分别为35岁、38岁、41岁,4位明治维新核心人物的平均年龄仅为 32.5 岁；其余骨干人物，如板垣退助、三条实美、岩仓具视、井上馨、山县有朋、大隈重信、大村益次郎、伊藤博文和陆奥宗光等，合计平均年龄为 32.6 岁。可以毫不夸张地说，日本整个国家的领导层是个“青年团”！联系古今中外列国历代的改革案例，统治集团的年轻化乃是不可或缺的成功条件。

道理很浅显，社会改革说到底是思维方式与行动方式的更新。虽说年龄层次较低者难免在经验上有缺陷，但其感觉、知觉相对敏锐，富于想象和创新，思维和行动能力强。在社会发生巨大变动、传统经验价值明显衰退的条件下，与年龄层次较高者相比，年轻人更能适应社会运动的快速节奏，所以在一切改革或革命中，他们成为运动主力和核心完全顺理成章。

明治政治精英“细心地在政治方面划清国家职能的领域，并在宗教方面划清国家神道的领域，把其他领域留给国民去自由行事。但是，那些他们认为直接同国家事务有关的统治权，作为新的等级制度的最高官员，是牢牢掌握在自己手中的”；“在每一个活动领域中，无论是政治的，抑或是宗教的、经济的领域，明治政治家们都在国家和人民之间定下了各自所属的‘适当位置’的义务”。而日本官僚群体的忠谨、效率和诚实精神，则充分保障了国家机器的平稳、高速运转。

其次是知识精英。吉田茂特别指出，“改革的顺利推进，不仅仅依靠完成明治维新的领导者们，还有一部分人也发挥了重要的作用，他们就是其后出现的知识分子”。这些知识分子生活在德川幕府时代末期，曾在幕府翻译部门担任职务，或者在各藩研究西方情况。他们没有参加过明治维新的工作，但是其中有像福泽谕吉那样从事近代化人才培养的事业，也有像大隈重信那样担任着官职，还有些像涩泽荣一样进入了产业界。他们虽然从事着不同的工作，但是有着一致的主张，就是大胆引进西方技术和学习西方制度。

对比清朝，在政治精英和知识精英中能“放眼看世界”者凤毛麟角，即便有像伊藤博文那样有治理行动力、福泽谕吉那样有思想辐射力的人，也难成气候。

再次是实业精英。赖肖尔十分感慨：“许多发展中国家面临着日本曾经经历过的危机和灾难，但它们的领导人却以牺牲国民的利益为代价，在国外积累了大量的个人财富。但日本，无论是合法获得的还是非法掠取的利润，都没有被隐藏到国外安全的地方，也没有挥霍在摆阔气的浪费中。这些金钱被重新投资于日本或其他地区的有益的民族事业中了。”

进入21世纪，人类世界在日趋激烈的全面竞争中急速发展。中国要复兴和驰骋，需要像日本那样敢于、善于向对手和敌人学习、借鉴，彻底改良和提升体制、精英和国民素质。

现在，一批20世纪80年代去日本留学的有识之士，正在为我们全面了解、深入研究日本这个近邻而系统地选择一批反映日本社会、经济、文化的书籍，编成“走进日本”丛书。出版有关日本政治、经济、文化、科技等的译著，正是中华民族亟需的一项事业。

戴季陶先生在八十多年前留言：“要切切实实地下一个研究日本的工夫。他们的性格怎么样？他们的思想怎么样？他们的风俗习惯怎么样？他们国家和社会的基础在哪里？他们生活的根据在哪里？都要切实做过研究的工夫。要晓得他的过去如何，方才晓得他的现在是从哪里来的。晓得他现在的真相，方才能够推测他将来的趋向是怎样的。……总而言之，非晓得他不可。”

而今，这一期盼终于得到了强实践行。这是善举，也是盛举，更是壮举。我们拭目以待！

序 言

我们每个人在漫长的一生中，都会有感到失落的时候。有时候会觉得为什么自己的人生这么不幸，有时候会抱怨为什么无法搞好职场中的人际关系，还有的时候会对下属的离职感到无法理解。

但是，我们中的大多数人都把以上情况归结到是周围其他人造成的，或者认为是自己的运气不太好的缘故。

无法与周围的人建立良好的人际关系，其中一定自有道理。如果感到自己经常处理不好人际关系的话，那就有必要反思一下自身是否在交流的时候让别人感到疲倦。

接下来我要给大家分享一位女性的事例。她非常有能力，但是经过多次跳槽，仍然无法找到一个能够发挥自己能力的工作。

这位女性朋友大学毕业后进入一家一流企业，但在公司中逐渐陷入孤立，不久后就辞职了。在她换的下一份工作中，有这样一个场景。比她早进公司的一位女前辈在给她布置工作任务的时候，她回答说："你们这里还在用这样的会计软件啊？"她的语气强调了"还在"两个字，这让女前辈有点不爽，但女前辈压制住了自己的怒气。可是接下来，这位女性朋友又用非常高傲的语气回答了女前辈的其他问题。从那以后，在这家公司，就不怎么有人再主动跟这位女性朋友打招呼，也很少有人对她的工作提出帮助了。几个月后，她又从这家公司辞职了。

她还用很不屑的语气来评价男朋友的工作，结果在她即将步入 40 岁的时候，这位男朋友也跟她提出分手了。她把自己的不幸归结为“世界上的人都是傻子”，认为自己只是“运气不好罢了”。

其实，她说的很多话的确是正确的，但这个世界就是这样，仅仅是正确的还不够，如果不能用正确的方式表达出来的话，是不能被其他人所接受的。临近 40 岁的她丢了安定的工作，连原本的结婚对象也离开了她。“为什么只有自己遭受这样的不幸呢?”她像祥林嫂一样，每天都在抱怨中度过。

这位女性无意间表现出的高傲和不屑，使得其他人在跟她交流的时候感到非常疲倦。如果她不能意识到这一点的话，可能还会继续不幸的命运。但认识到自己的这些不足，的确是一件非常非常难的事。

如果一个人不擅长与别人交流，肯定有很多人认为这个人是不善言辞，或者是太过认生了。很多人认为，所谓的交流，只是单纯地把自己的想法传达给别人。但是，不使周围的人有压力感，也是交流能力中的一个重要因素。

其实，很多人也许不知道，左右人际关系和收入水平的最重要因素并不是是否善于言辞，而是是否具有跟别人相处融洽、让别人感到舒服的能力。

不善言辞并不一定会被别人厌恶，但如果在人际交往中让别人感到非常疲倦的话，就一定会使你的人际关系出现裂痕。

相反，如果是在人际交往中能够让其他人感到幸福的人（在本书中，我称之为“使人轻松的人”），就自然会得到周围人的支持，并且会在不知不觉中在社会上获得尊重、被人重视。其中，有些人即便没有拜托别人帮忙，但朋友们也会主动向他伸出援手，使其成功地从小企业跳槽到大企业，年收上涨100多万日元。这样的例子，也不在少数。这样的人并不是运气好，而是因为他们能够给周围的人提供正能量。

例如，早上到公司后对周围的人笑脸相迎，很阳光地跟别人打招呼，注意到职场中其他人的一些细小变化，比如说看到科长换了一只新的圆珠笔，就亲切地询问：“您的笔是您女儿给您选的吧?”这样的一些语言，对于那些无法理解交流好处的人来说，只是一些没用的、可说可不说的话，但实际上，这些细小的关注、可有可无的对话，可以给周围的人带来新鲜的活力。这样的人，他们能够马上找到愿意帮助自己或者提拔自己的人，周围的人都喜欢聚集在这样的人的周围，他们能够让周围的人变得更有幸福感。

那些让人厌倦的交流和让人放松的交流，如果你能了解到它们各自的特点，对于你如何度过漫长的一生将会有非常重要的意义。

在本书中，有些案例会让读者们恍然大悟，感叹“原来这样做是不合适的啊”。了解了这些事实，你就能很容易地找到夫妻吵架的原因，迅速想出解决的方法，也能解决无法跟处于青春叛逆期的孩子交流的问题，还能帮你找到下属离职和上司疏远你的原因。

所以，希望大家能够通过本书，学会和你周围的人友好和谐相处的方法，提升自己的人际交往能力，度过祥和的每一天。

野口　敏

目　录

1

第一章

让人难堪的说话方式 VS 让人愉快的说话方式

01

和说话自大的人相处让人疲倦，容易相处的人会制造大家一起聊天的机会

喋喋不休的人比不善言辞的人更易留下坏印象

人们常常会误解擅长言辞的真正内涵。就拿我经常去的小酒馆里发生的一件事来说吧，坐在我旁边的一桌顾客，其中有个男子如同领导一般讲话，表现得非常博识，比如谈到大阪的城建问题、安倍提出的经济建设政策、通货膨胀好还是通货紧缩好、国防问题、太平洋战争发生的原因、TPP问题、掌握霸权国家的密谋等，一直都在长篇大论，不停地发表自己的观点。

他说得合乎道理，声音洪亮，一副很擅长言辞的样子，如果去参加竞选也会有模有样吧。但有一个问题是，周围其他的人没有插上一句话，而且大家脸上毫无表情，似乎很后悔和这个男子同坐在一起。他们看起来都很疲倦，打不起精神。

像这样使人打不起精神的人，我把他们称作是“说话自大的人”。从那以后，我经常看到这个颇具领导风范的男子一个人孤独

地在小酒馆里喝酒的背影。这或许就是说话自大所带来的后果吧。

说话自大的人要比不善言辞的人，更使人厌烦。

善于言辞者也要让不善言辞者成为主角

真正的善于言辞，能使周围的人感觉快乐轻松。不要独占话语权，要给在场的每个人话语权，能让他人也有表达自己的机会，会让人喜欢。与一心只想着满足自己表现欲、说话自大的人相比，善于言辞的人是想要看到在场的人的笑脸，尽量使自己所说的通俗易懂。对于比较复杂难懂的问题或是自己熟知的问题，能够知道如何表达才能引起大家的兴趣。

善于言辞者的特点是，有能让沉默不语的人成为主角的沟通能力；不管什么场合，大家都可以自由地表达自己的观点，开心地满载而归。真正善于言辞的人，会从心底里想："如果大家都高兴，我就会感到高兴。"那么，下面来比较和说明一下说话自大和善于言辞的区别吧。

02

时常改变话题让人疲倦，专注于一个话题让人轻松

说话无尽头不是一件好事

说话自大的最大缺点就是说话时间太长。时常会听到语气自大的男性说：“我有时候能彻夜通宵不停地和别人聊天。”他也许想不到这一晚上对他的话题没有兴趣的倾听者的感受吧。这种人很擅长结束一个话题之后，接着展开另一个话题。

“现在的国家政策嘴上说得好，最终的结果是欺骗国民，期望越大失望就越大啊！这真像阪神职业棒球队的成绩，一样让球迷非常失望。”

“说起职业棒球队，敌不过美国的日本选手拿着高薪却不出成绩。像他们这样的，平时消费买便宜东西就行了，买贵的东西简直是在浪费钱。”“我最近也买了一些贵的东西呢，这只表看起来像80万日元的吧。”……

的确是说话无尽头啊。即使这样，他们还是能够继续喋喋不

休地说下去，而倾听者已经听得非常累了。说话自大的人犯了一个很大的错误，就是扯的话题太多，导致自己也不知道真正要表达的是什么了。这样只会让倾听者非常疲倦。说话自大者不会得到别人的信赖，在工作和人际关系的处理上也总是失败，最终结果是一生郁郁寡欢不得志，真有点可悲。

善于言辞者不会让话题模糊不清

善于言辞者会在说话前告诉倾听者，自己想要传达的主题是什么。比如说，“父亲节比起母亲节，商场的卖场又小，而且你不觉得商场并没有下功夫花心思搞父亲节活动吗?”以这样的开头开始话题时，开门见山，之后的谈话主题也不会模糊不清。即使对方又突然转变话题说“女儿节和端午节这样的节日感觉有点不对劲啊”，你也不会因为他突然岔开话题而生气，而是平和地回答“确实是啊”，接着再继续前面的话题：“家里经常看不到父亲的身影啊。”这样就成功地回到了前面的话题。这时，即使自身头脑中冒出一个想法，比如“感觉棒球这项体育运动，名选手胜利时和地方上不知名的棒球队胜利时，人们的关注程度还是有差别的”，也不要开始说这个话题，因为这和你刚才没说完的话题风马牛不相及。

那么接着话题说下去：“父亲虽然工作很拼命，很努力，但是对家人的关心照顾还是太少了，让我们家里人感到有点不好受。”“如果等到他会关心我们的时候，可能是在我们去世之前了吧”。

善于言辞的人结束了自己想说的话之后，会说“你是怎么想的呢”，不会忘记把话语权交给对方，让对方也有表达自己的空间。不独占话语权，会让人喜欢。

03

即使对方没有反应还是喋喋不休的人让人疲倦，相处轻松的人会考虑到对方的感受和立场

“没有笑”“没有反应”“没有再向你问问题”时，请中止谈话

说话时，面对面互相看着对方，这是人际交往中对他人的一种尊重。令人不可思议的是，本应该与对方有眼神交流，但是并没有做到的话，就发现不了对方并没有笑，双眼无神，点头幅度也很小，提的问题也很少等情况。从别人没有对你做出回应这一点来看，这一定是你自己独占了话语权，觉得自己是中心人物的缘故吧。学着把自我展示的欲望让给他人：“接下来你说吧。”“接下来说这个话题吧。”“啊，对了！你不是有件事要对我说吗？”

当对方的背已经紧紧靠在椅子上，反应也变得迟钝，脸上无光时，即使如何积极热情地跟对方搭话，对方内心的开关已经关上了，就如同对牛弹琴一般。

当倾听者不再点头应和，不再提问时，就把话语权留给对方

吧，这样就不会变得说话自大了。

问对方“还可以再继续这个话题吗”

善于言辞者经常会观察对方的表情和动作，当对方低头看手表时，会推测“可能是他今天有急事吧”。他们对于倾听者的反应，也会十分注意。“说这个话题对方会开心吗？”“内容是否很好地传达了呢？”“对方是否也有想说的话呢？”边考虑着这些问题，边说话。有时，他们还会问：“这样的话题再继续下去可以吗？”

如果感到对方并不是很感兴趣，就会中断话题，不再继续，且反问对方“最近你过得怎么样呢”，把话语权给对方。这就是善于言辞者所掌握的谈话技巧。

说话自大的人深信自己所说的观点是唯一正确的，而善于言辞者会包容别人的观点。谈话是要让在场的所有人都能感受到愉快，这是善于言辞者所采取的谈话姿势。这也就是善于言辞者之所以受到大家喜欢的原因。

04

不给对方画面想象空间让人疲倦，能给人画面想象空间让人轻松

不能让对方感到“要努力和忍耐”

关于描写不善言辞的书有很多，但是关于说话自大的书并不是那么多。让人感到疲倦的并不是不擅长言谈的人，而是说话自大的人。为什么说话自大会让人感到疲倦呢？

这与我们在听别人讲话时头脑中的“影像化”有关。比如说，如果听到对方说“昨天，我去迪士尼乐园玩了”，我们就会想象对方在迪士尼乐园的场景；当听到“男朋友的服装很俗气”时，就会想象他裹着土里土气的衣服出现在你面前的场景。

我们都是通过画面想象来理解对方的话语、记忆对方所说的话的。但是，说话自大的人经常会说对方并不感兴趣的话题，也不会使话语影像化。所以，倾听者就要努力忍耐。

因此，和说话自大的人相处，人们会感到疲倦。

以对方为本位进行交流吧

善于言辞者对对方的表情和动作很敏感，会说一些让对方感兴趣而且感到愉快的话题。当然，他们对于让倾听者形成影像这件事了如指掌，能帮助对方在头脑中形成影像，所以倾听者并不需要做出很大的努力去理解，而且能够很轻易地在脑海中浮现出说话者所说内容的画面，被话题吸引。总之，善于言辞者会感受对方的情绪，用对方感兴趣的话题合对方的拍，来进行交流。所有这些，都是以对方为本位进行思考的。比如，对方是一位女性，话题就从天气转移到服装；如果对方看起来很擅长运动，就把话题转向讨论天气冷热吧。

交流是要考虑到在场每一个人的感受，并不是一个人占据话语权。并且，善于言辞者不会一直谈论自己，也会做一个好的倾听者，让在场的每个人都成为主人公，让他人感到自身也受到了关注。

那么，从现在开始，试着用成为善于言辞者的关键词——“影像化”这个秘诀说话吧。

05

说话不会“留空隙”的人让人疲倦，给别人回应时间的人让人轻松

如果不给对方留有思考想象画面的时间，交流是进行不下去的

区分说话自大和善于言辞的一个指标，就是对于“说话空隙”采取的方式。

这件事发生在某天傍晚。我乘坐出租车，跟司机说：“我要去池袋。”这时司机突然对我说：“我最近在教孩子学橄榄球。”我对于这个唐突的话题感到困惑，勉强为难地答应了一声“是吗”。但是，他并没有听完我的应答，紧接着又开始了另一个话题：“最近的大人们都是教孩子们怎么赢得比赛，而忘记了教孩子橄榄球的真正目的到底是什么了。”“……”“前一阵子，我去看过孩子比赛，孩子被裁判说动作犯规了，我当时挺惊讶的。”

倾听者需要时间去想象说话者所说的画面，但是如果不给倾听者反应的时间，不留空隙，在对方还没反应过来时又开始说下一个话题，会使倾听者感到混乱。因为说话者自己所说的内容，在自

己的大脑里都有印象，但倾听者是第一次听，是需要一定的反应时间的。说话自大的人不会考虑到这一点，所以会使人感到疲倦。

试着等待对方的回应吧

真正的善于言辞者会给对方充足的反应时间。

“最近，我去打高尔夫了。”“嗯嗯，是吗？”“球童长得超级可爱”。“嗯嗯，那真好啊。”“然后我对球童说，你辞掉这个工作，去AKB48吧。”“嗯嗯，嗯嗯。”“后来我对球童说，给你拍个照吧。”“嗯嗯。”“然后球童一脸严肃地说，这个很难做到啊。”“哎？”“球童说，她想按一下相机的快门，来体验一下怎样拍照。”“哈哈！”“不久经理走过来。”“是吗？”“经理先是大笑，然后对球童说，我稍后教训你。”

善于言辞者说一会儿话，就会给对话留空隙，等待对方的回应。如此这般，倾听者会边想象画面边应答，很快就能被话题吸引。当头脑中浮现出画面时，就像是上演电视剧一般，所以会感到身临其境，从而被话题吸引。所以请拿出勇气，给对方回应的时间吧。这样一来，你不久之后也会成为善于言辞者的。

06

话语如洪水般涌来的人让人疲倦，相处轻松的人会传达出影像

说得多，但是不能传达出自己所要表达的重点

说话自大者最大的误解，就是以为“只要说得多，就会相应地表达出自己所要说的重点”。但如果对于倾听者来说是在被灌入大量的信息，就有些过度了。

打个比方，说话自大者是这样介绍自己的家乡的：“我的家乡是要从东京乘 2 个小时左右的电车，在山村里，中途要乘坐特快列车，然后换乘地方线。我老家的车站是无人车站，下车的人都是能数过来的，几乎都是 70 多岁的老人。昭和时代，这里因为挖煤而活跃一时，但现在已经成了边际部落了……”

对于倾听者来说，并没有记忆的堤坝能止住这如洪水一般的话语。倾听者要在脑海中浮现出“从东京出发需要 2 个小时”和“从特快列车换乘地方线”这两个画面，也是挺为难的。

当传达的信息太多时，会使记忆的堤坝决堤，没有力气再倾听

下去。希望说话自大者尽早注意到这一点。

使话语尽量简明扼要,留出空隙

对于善于言辞的人来说,很意外的是,并不需要说很多,就能传达出要说的重点是什么。这是因为他们会让倾听者的脑海里浮现出画面,而其中的秘密就是话语简明扼要,留出空隙。

“我家在农村,一下电车,眼前就是森林。”“很像龙猫的世界。”“2 层的建筑物就算是很高了。”“所以感觉天空特别广阔。”“晚霞特别美。”“时而还能看见白鸟飞过。”“在傍晚的天空里,有四五只鸟在跳舞一样。”“让人感觉冬天已经来了。”

就像这样,扩大对方的想象空间,在长对话中留出空隙。当对方充分理解此时所说的话题之后,再进行下一个话题。因为对方有充分的想象空间,所以会对那个画面有很深的印象。此时,倾听者脑海里的画面如同三维动画一样,会使其有一种被触动的感觉。

07 说话速度太快会让人疲倦，相处轻松的人会缓缓表达

像洪水一般说话会失去说服力，不是正确的表达方式

人们常常会认为“口若悬河的人”就是善于言辞者，可是我们并不能感受到其给人带来的亲和感和说服力。这是因为，这种人的语速太快了。

“昨天，我去了迪士尼乐园。男朋友的衣服简直太土里土气了，一直和男朋友保持着距离走。男朋友想要拉我的手时，我突然甩开了……”

像这样快语速的表达，使得倾听者来不及反应，也就没有听下去的欲望了。如果是这种说话类型的人，最好能注意到要使倾听者在脑海中形成影像，这是改变自己的第一步。

给谈话留出空隙，然后再继续表达。如果意识到这一点，就会慢慢改变语速太快的缺点。

“一分钟说360个字”

为了改变说话快的缺点，尝试以1分钟说360个字的速度表达吧。可能有人会觉得：“这也太慢了吧！”但是，对于倾听者来说，这是最好的语速了。更重要的一点，是要意识到停顿。

“昨天我去了迪士尼乐园玩。”“可是我有点不喜欢男朋友俗气的穿着打扮。”“我故意和他保持着距离走路，可是男朋友想拉我的手。”“我有点尴尬，把他的手甩开了。”

像这样在谈话中，注意使用“。”来停顿，差不多是一拍。这样做，倾听者会有时间去理解和回应你，语速自然也就慢下来了。

那么不久之后，你就会掌握用合适的节奏进行表达的方法了。

08

说让对方感到很深奥难懂的话让人疲倦，会打比方的人让人轻松

谈论自己渊博的学识并不能使话题顺利进行下去

我的一个女学生去相亲，回来后用很困惑的表情跟我说：“前些日子我去相亲了，对方的学历收入都没什么可挑剔的，可是他一张嘴就喋喋不休了1个小时，最后我什么也没说就离场了。”

我听到之后吓了一跳，心想，这是怎么回事啊。原来那个相亲对象是在大型半导体公司做技术开发的，一见面就问我的女学生：“你知道半导体是如何组成的吗？为什么半导体被称作‘半’导体呢？”就这样连续说了1个小时。

我身边也有不少这样的人。有一次我去参加一个聚会，一个40岁左右的男人对我讲了30分钟的“后期老年医疗制度改革”，就像是给我上课似的。我没有迎合他，没有看着他，没有问他问题，也没有笑。就算是采取这样强硬的态度，他依然喋喋不休，完全没有注意到我传递给他的不理睬态度，如同我被拷问了似的。我甚

至想，自己当个叛国贼都行。真是听得非常累。

正因为学识渊博，才要放低姿态

我认识一个非常善于言辞的医生。当我问他容易得感冒和不容易得感冒的人的区别时，他是这样回答我的：

“不容易得感冒的人，他们体内的巨噬细胞比较强大。当病菌侵入人体时，最初和这些病菌抗争的，就是叫做巨噬细胞的免疫细胞了。巨噬细胞的强弱，决定了你是否容易得感冒。”

“哎？是吗？”当我这样发问时，他继续回答我：“不容易得感冒的人，巨噬细胞的等级是比较高的，更容易阻止病菌，就像是空手道五级的职业保卫者。”“经常得感冒的人，因为巨噬细胞比较弱，所以细胞内的病菌很容易侵入体内。这就像让不是体育系而是文学系的大学生兼职保安一样。”“是这样啊，挺让人担心的。”

善于言辞者即使是面对非常难懂的话题，也会让对方容易理解。听了他的话，我深切地感受到，掌握像这位医学专家一样的说话技巧很有必要。

09

只说自己知道的事让人疲倦，带入感情的谈话让人愉快

自己喜欢的话题对方不一定喜欢

“野口君，你知道将棋吗？”对方也不在乎我的应答，就一口气跟我说了下去，“现在已经到了电脑打败人类的时代了。”听到这里，我还挺有兴趣的，可是对于他后面说的话，我就云里雾里了。

“现在的高水平将棋比赛都可以免费供人观赏了，而且现在对将棋的研究也越来越盛行了，这进步可真大啊！将棋的复杂，都可以拿高难度数学计算来比喻了。”

我说：“A君，你现在有练习过下将棋吗？”他终于不再说下去了，因为他之前去专业的将棋训练课堂参观过，也知道将棋这个项目的发展其实是步履维艰的。

和一直沉迷于自己所狂热的话题的人聊天，是一件比较累的事情。不过，恐怕他们对于“自己所喜欢的话题对方并不一定喜欢”这件事，不太敏感。

当然,如果一个话题两个人都很感兴趣的话,在这里就不用说了。

带入感情的谈话让人愉快

经营寿司店的B君喜欢下将棋,他跟我说了这些话:“有时我也会去将棋俱乐部和小学生对战哦,那真让人感到不爽哎!”“是吗?孩子根本不是你的对手吧?”“不是呢,小学生可厉害了!有达到3级水平的小学生呢。”“3级!”“我和3级水平的小学生下棋,真是很不爽啊。”“哎?是吗?”“我在思考的时候,那孩子一直说你是在玩游戏吗?”“怎么会这样不懂礼貌啊?”“我考虑了5分钟才下子,他考虑了3秒钟就下子了。”“这真让人感到不甘心啊!”“但这毕竟是人家的棋艺好啊。”“替你感到不甘心呢。”“本想着要抓住他的弱点,好好教训一下他不懂礼节,但毕竟自己输了,只好怪自己手气不好。”“毕竟咱们是成年人。”“那小学生看起来一脸得意洋洋的样子,感觉自己很了不起啊。”

即使很沉迷于自己的话题,但是加入感情的谈话能让人感到轻松。当谈论让自己很狂热的话题时,倾听者也能身临其境,感受到“开心”“生气”“悔恨”这样的情绪。

10

认为“自己很擅长说话”让人疲倦，认识到“谈话是有困难的”让人轻松

不去考虑对方的困惑之处

我经常会听到这样一句话：“我很擅长和别人说话呢。”但是，如果和这种人碰面交流，往往不会感到愉快，恐怕是因为他们深信“口若悬河＝擅长言辞”吧。善于言辞，并不等于人际关系就处理得好。

经常说“我特别擅长交流”的人，特别像关西地区的人自称“我很幽默”一样。其实，你是否善于言辞，完全取决于倾听者对你的看法，并不是自己觉得自己很有趣、很幽默就可以了。

使人相处疲倦的人，对于对方的情感很迟钝，或者说对于对方情感的捕捉能力很弱。如果深信“自己很善于言辞”，但是捕捉不到对方的困惑，也会让人没有办法。

不断增加自己的同理心，多多少少能改掉这个毛病。

相处轻松的人从不认为“自己善于言辞”

我们不会听到与人相处轻松的人说“我很善于言辞”“我在交流方面特别有自信”，因为他们知道与人交流的难处在哪里。

进行交流时，根据对方的状况作出相应的反应是很有必要的。人际关系是复杂的，因为对方有可能是你的长辈、同辈、晚辈、同性、异性，也有可能是与你价值观不同、接触环境不同的人。不但要考虑对方开心时、失望时、生气时等的情绪因素，还要考虑到对方的性格，所以并不是那么简单的。

越是善于言辞的人，越能体察到对方的感情。认为棒球就是能打到时速 80 千米的直线球就行的人，会说“打棒球好简单啊”。但是棒球会有时速从 120 千米到 150 千米的变化，还有曲线球等高难度的投球。这时，谁都会说“棒球好难打”吧。

能认识到“交流其实是很困难”的，是能体察对方情绪的人。这种人已经迈入高阶交流者的道路了。

2

第二章

让人难受的“冷淡”

VS

人见人爱的“给人好感”

11

和冷淡的人相处让人疲倦，和充满微笑的人相处让人轻松

表情太严肃会给周围的人带来压力

太冷淡会使周围的人感到很疲倦、有压力。即使有人跟这种人打招呼说“早上好”，他的反应也是很冷淡的，没有表情，甚至有些吓人。

这种人简直可以说是“对别人根本不关心”“很难和他搭上话”。当然，有可能他的本心并不是这样，可确实会给周围的人带来压力。我们作为社会中的一员，都希望被别人接纳，而冷淡的人无意之中采取了拒绝别人的态度，所以也给了周围的人不小的压力。

如此这样，在职场上也好，在家中也好，都给周围的人带去了负能量，让人提不起干劲儿。最终的结果，就是别人会渐渐和这种人疏远，其人际关系自然也就处理不好了。

所以，太过冷淡的人经常会成为被裁员的对象，即使他的工作

能力很强，别人对他的评价也不会很高。当然，这种人很难交到朋友，在婚姻上也会屡遭失败。

如果意识到自己有这种冷淡的行为，读了下面的这段话，相信也能有所改变。

试着给他人安全感和喜悦吧

有同时进入公司的两个社员，其中一人工作能力非常强，但是不好相处，对人冷淡；另一人工作能力稍逊一筹，但在职场中充满笑容，也善于言谈交际。1 年后，签了合同继续在那里工作的，就是这位工作能力稍逊一筹，但工作得非常愉快的我的学生。

让人感到相处轻松的人，会给他人传递“我很接纳你”“我们是朋友”这种信号。这种人到了职场之后，首先会充满微笑地和同事们打招呼，用明亮的声音对大家说“早上好啊”。即使是在乘电梯时相遇，或是在走廊擦肩而过时，也会这样做。他们使他人感受到了一种温暖、安全感和喜悦。

使人相处愉悦轻松的人和冷淡的人的本质区别，就是对他人的信任程度。他们深信自己主动打招呼以后，对方也会有所回应，当然也不怕对方没有回应。

人们都有与他人交流的需要和愿望，所以主动地和他人打招呼会让人喜爱。

在本章中，就来说说和他人如何能够心与心相连地、愉悦地交流沟通吧。

12 对人漠不关心让人疲倦，相处轻松的人对人温和

对人漠不关心朋友会很少

即使乘坐电梯时他人说“不好意思给你添麻烦了”，却没有一点回应；便利店门口服务员热情地招呼，却径直走开，躲躲闪闪，这种人总会让人感到失望的吧。

这种人对于工作上交情深的人、自己的亲戚等有重要关系的人会很热情，可是对和自己没什么关系的人却漠不关心，有时会被贴上“高冷”“没有同情心、同理心”的标签，在人际关系上也会招致麻烦。

他们所关心的是人际关系互动中的得失，对于能给自己带来利益和好处的人特别热情，对于和自己没什么关系的人却非常冷漠，觉得他们没有用，甚至是瞧不起。

现代社会的人大概都有这种倾向吧，事实上这是一种不正确的做法，因为你并不知道自己何时会遇到什么人，以后会和什么人相处。

对自己遇到的人示以善意，能够给别人带来温暖。拥有这种意识的话，自己也会由衷地感到快乐，而帮助自己的人也会越来越多，人缘也就更好了。

如果太势利，那么能帮助自己的人就会寥寥无几。

因为和人相处轻松，年收入增长100万日元的女性

这位女性为人比较老实，行动谨慎，有点不善言谈，但是充满微笑，对人非常和善友好。只要她在身边，周围的人就会感到很舒服，非常轻松愉悦。

当时她在一家小型企业工作。有一天，她的一位朋友突然来电话，原来是那位朋友的熟人在大型装饰品公司工作，正在招募专业人员。不久，她就向在那家大型公司上班的知情人咨询，应聘需要具备什么样的条件等。因为双方的交流非常愉快，不久她就从小型公司跳槽到大型公司，成为优秀员工。“年收入差不多增长了100万日元吧。”她悄悄告诉我。

即使不善言谈，也依旧让人感觉相处轻松愉悦的人，这种人的朋友、知己应该不少，并且大家都会无意识地在心里评价说“应该提拔她”“她会很幸福的”等等。这就是和人的相处过程中充满好运的典型例子。

与人相处轻松的人也会治愈他人的痛苦和悲伤，所以无论是谁，只要对他人温和友善，都会成为让人感到幸福的人。那么，好好努力尝试成为这种人吧。

13 不让人靠近让人疲倦，和他人有眼神交流让人轻松

戴口罩这种遮遮掩掩的行为，会滋生孤独感

伊达口罩，真是个不错的商品名称啊。最近我在街上看到很多戴口罩的人，当然，最近感冒的人、对花粉过敏的人越来越多，但这其中也不乏不喜欢让别人看到自己的脸的人。

在商店里，看到有店员戴着口罩说“非常感谢您的惠顾”，但是这样真的能向顾客传递感激之情吗？像这样用遮遮掩掩的动作和别人交流的行为，我感到挺吃惊的。

戴着伊达口罩的人，将自己的表情隐藏起来，就如同在和别人说“我已经不想和别人有所接触交流了”似的。

如果带着这样的想法，即使把口罩摘下来，也会制造出一种不想让人靠近的气氛吧。这样会造成什么影响呢？那就是会断绝与他人之间心与心的交流，自己的幸福感也会消失得无影无踪。

没有了他人的支持，形单影只，是很孤独的，这样就和上面所

讲的那位幸运的女性的命运截然相反。所以不要害怕与他人交流，因为只有展现出自己的面部表情、声音、眼神，才能使对方安下心来，感到和你交流的愉悦。

学会眼神交流，和他人心灵相通

告别怕生，试着和各种各样的人接触，建立良好的人际关系，那么渐渐也就敢和他人进行眼神交流了。

只要你的眼神和他人的眼神有接触，那么你的人际关系就会发生奇妙的改变。眼神交流，就是向对方传达一种“要给你传递信息”的信号。即使是想传递自己的情绪，没有眼神交流的话是传递不出去的。不正视对方的脸，即使说了“谢谢”“对不起”这样的礼貌用语，对方也感受不到你的诚意。

另外，如果一直看着对方，也会使对方感到为难。在眼神交汇的瞬间，说“你好啊”，然后低一下头，将眼神移向别处。抬头时，再和对方的眼神交汇一次，然后再将眼神移向别处。如果对方又说“这样说起来的话……”来开始一段话题，那么就再和对方进行眼神交流，过一会儿再将眼神移向别处。

很多人一开始可能不习惯，会感到困惑，但习惯之后就会变得更加自然了。我的一个学生很开心地告诉我，在他上班等电梯时，恰好电梯口站了一个人，与他进行眼神交流、互相寒暄之后，慢慢变得熟络起来。那个人，就是他在公司交到的第一个朋友。

14 不和平时接触少的人打招呼让人疲倦，自己主动对别人说“辛苦了”让人轻松

公司里没有“陌生人”

和其他部门、其他楼层的人，还有平时不怎么接触的人打招呼，是挺少见的。即使说“我经常和别人打招呼”的人，可能也只是和自己经常接触、有联系的人打招呼吧。现代人逐渐缺乏的沟通能力，首先就是和陌生人建立关系的能力。对于经常戴着伊达口罩、遮遮掩掩的人来说，这项能力恐怕是很难拥有的。

大多数人或许不相信陌生人会对自己的主动打招呼有所回应，但人们内心深处其实都有和他人心心相通、相互交流的愿望。

比如说，对方都是本公司的人，没有不认识的。首先呢，要打起精神抬起头，在公司里转。然后，要去发现一些比较和蔼且乐于言谈的人，与他们进行眼神交流。

比如，向他们说一些“辛苦啦”这样的话，对方也会有所回应。职场中的人脉首先也是通过这样的契机建立起来的。不管怎么

说，只要对方见到你、记住你的模样了，就会很有效果。这甚至对升职也会有作用，确实是很现实的事。

在前方5米处和对方眼神交流，会建立良好关系

即使对方不回应你，你也能很自信地说“我很会和他人寒暄搭讪”。这是只有充满勇气又善良友好的人才能做到的。除了亲友之外的人际关系，最初都是第一次见面后才慢慢熟络起来的。如果自己能主动发展人际关系，无论走到哪里朋友都会很多。

但是，如果自己先主动打招呼了，对方却没有回应，谁都会心里不好受吧。那么，下面就来说说不失败的方法。

在自己家的周围，或是工作地点的玄关处，或是走廊处，和不太熟的人擦肩而过时，怕生的人一般会低下头走过，避免和他人有所接触。

这里有一个好方法。先确认一下对方，然后在距离眼前5米左右时不正视对方的眼睛，否则一直盯着别人看会被误解成可怕、危险的人。总之，“不正视”是关键点。

如果对方是一个乐于交谈的人，他可能会察觉到前方有个人注意到他，接着会有抬起头的可能。在发现对方抬起头、和你眼神交汇的一瞬间，尝试用有力量的声音跟对方说一声“你好”。在距离差不多两三米的时候说，对方肯定也会有所回应。那么下次见面的时候，就会变得更加熟络了。

15

和无力低声回应“嗯”的人相处让人疲倦，用明亮的声音回应“嗯嗯，是的”让人愉快

不要唉声叹气

耷拉着脸，一直唉声叹气，即使别人跟他说话，也只是用“嗯”“是”来回应——自己以为是在好好说话，可这其实是很消极的对话。这种人无论在职场上还是在家里，都会给周围的人带来负能量。只要他在身边，氛围马上会变得很暗淡。这样的话，拥有正能量的人就会离他远远的。

不善于言辞的人应该注意到，自己会渐渐使周围的氛围变成像关了灯的房间一样，暗淡消沉。这种类型的人应该像开朗的人一样，在跟别人说话时有眼神交流，用明亮的声音来回应对方。如果做到了这一点，别人也会评价说“这不也是个很好的人嘛”。先不要担心“如果谈话继续不下去该怎么办”的问题，首先给对方留下一个好印象，然后和善友好地和他人交流，那么很多人就会喜欢

和你交流了。

为了学会自然地微笑，试着大声说“巧克力蛋糕”吧

在人际交往中具有极大影响力的就是笑容了。虽然人们都懂得这个道理，可是越是想“学会微笑”，脸上的笑容就会变得越不自然，给人一种违和感。

勉强地笑会笑得不自然，因为只有内心真正喜悦开朗，才能笑得自然。

我对自己的学生建议说“大声开朗地说话会笑得自然”。如果用响亮明朗的声音说话，就会发出很自然的微笑，这比勉强地笑更容易做到吧。

试着在没人的房间里 1 个人大声喊“啊——啊——”的声音。如果是女生的话，就试着怀着愉快的心情大声喊“冻糕”“巧克力蛋糕”这样的词，这样会比较有效。如果是男生的话，就试着喊出“涨工资了”“好身材”这样的词，就一定会露出笑容的。如果没有抵触情绪的话，那就挑战一次吧。

因为现在很多人使用智能手机，所以出现了“键盘软件”这样便利的工具。同样的，当我们的心情愉快了，就会展露出自然的笑容。那么，就试着用明亮的声音说话，来让声音变得更有魅力吧。

16 低着头跟别人说话让人疲倦，能够回头回应对方的人让人轻松

如果不面对面交流，是传递不出自己的感情的

如果自己的朋友很少，而且自身还处于尚未恋爱的状态，那么就试试大胆主动地和他人交流吧。

当然，恐怕这种类型的人很少会主动接近自己不熟悉、接触较少的人。他们充其量只会害羞地低着头，小声地跟别人说“早上好”这样的寒暄语吧。这样的话，是不会给对方带来亲切感的。

在我的课堂上，也会有类似的事情发生。当坐在某人身后的人问他“可以用一下你的笔吗”，那个人背对着别人，没有转身地回应了一句“可以的”。这样做，是会让别人感到有点不舒服的。

对于对交流有所顾忌的人来说，会有“我没有什么兴趣跟别人交流”这样的想法。那么以后，他可能不会好好地对待跟别人交流这件事情，所以会交不到朋友，也没有恋爱对象。如果想要改变自己，那么就先改变自己的态度吧。和对方有眼神交流，并且要让自

己的声音听起来更有精气神。这样做的话，对方肯定也会很高兴的。如此一来，就会感受到和对方之间心与心交流的快乐了。

增强对他人的信任，勇敢地表达自己吧

交际广的人，当对方向他打招呼时，会将身体朝向对方，充满微笑地回应。就算对方从背后看见他，跟他打招呼说“你好”，他也会马上转过身子，和对方有眼神交流，并说一声“啊，你好啊”。

初次在我的课堂上课的一个很友好的学生，当坐在他后面的人问他“可以用一下你的笔吗”时，他会立马转过身来，用微笑回应一句“可以的”。

更进一步说，和他人交流并不是仅仅掌握礼仪就可以，而是要能感受到和对方交流时的那种喜悦和满足。这对那些对交流感到麻烦的人来说，是难以想象的。

如果能够感受到人际交往带给自己带来的快乐，肯定会多多和他人进行交流的。总之，让别人感受到你对他的关心和体贴，你也可以感受到持久的幸福。

如果你掌握了这样的交流沟通技巧，幸福感将伴随你的一生。那么，请继续努力吧！

17

不打招呼说“我回来啦”让人疲倦，吵架过后第二天一早还能说“早上好”让人轻松

如果不先从和家人打招呼问候做起，和别人打招呼是很困难的

你的家人会经常说“早上好”“我出门了”“你回来了啊”这样的寒暄语吗？当然，这其中不包括不面向对方、用模糊不清的声音向家人打招呼这种情况。

丈夫和妻子之间、未结婚的恋人和未来的长辈之间，是否有和家人打招呼的习惯，可以区分出沟通能力的强弱。

在我的课堂上，有一位男士慌慌张张地问我：“即使结婚了，还要跟伴侣打招呼吗？打招呼是不是最好当着孩子的面就行？”听到这个问题，我挺吃惊，有人对于打招呼这件事竟有如此深的抵触感。

在我的课堂上，我了解到，结婚 1 到 2 年的夫妇之间能够有眼

神交流地说“早上好”等寒暄语的，其实并不多。在孩子还小的时候，双方还会充满爱意地打招呼问候。可是当孩子渐渐长大，夫妻双方的隔阂加深，相互之间充满怨言，也就忘了这事了。

出了家门不友好的人，在自己家里也不会和家人好好打招呼问候的。如果想要和他人发展良好的人际关系，那么首先就从在家里和家人好好问候开始吧。

即使昨晚和对方吵架了，第二天也要习惯和对方说“早上好”

在清早夫妻之间相互眼神交流说“早上好”，也就相当于向对方传达“今天我依然爱着你”的讯号。所以，如果在家里不再和对方眼神交流打招呼的话，就会传递出一种“我们之间的感情越来越淡了”的讯号。

我现在已经结婚 30 年了。即使前一天和妻子吵架，为了弥合我们之间的感情，我在第二天早上也会看着妻子说一声“早上好”。当然，妻子还是没有笑，看来还是在生气。但是，只要我表达出来了，这就是一件很了不起的事情了。

在这个世界上，对我们来说最重要的人，当然是自己的妻子或丈夫，还有孩子、父母。如果连对他们的态度都不好，那么出门在外还会真心对谁好呢？“对自己家里人不好，出门在外也不会对谁好”，这也是为人处世的法则之一。

可是，如果你突然改变自己的态度，做了之前自己不做的事，可能别人会有“你是怎么了”“发生什么事情了吗”这样的疑问。即使这样，也不要放弃，请继续充满爱意地和对方进行眼神交流，说

“早上好啊”“晚安哦”“慢点走啊”“你回来啦”这些话吧。

别人跟自己打招呼是一件很快乐的事，不久之后对方也会这样对待你，那么你们之间的感情就会逐渐加深。

18
只求回报的人让人疲倦，明白问候寒暄真正意义的人让人轻松

如果不会问候的话，信息会很难传达

一天，我看到新闻上播放了关于问候的特别节目。一位像是自由职业者的年轻人跟记者说：“跟周围的人打招呼问候？我不认为有什么重要性。总之我从来不这么做。”我觉得这年轻人挺可怜的，他会真正感到幸福吗？

那么寒暄问候到底是为了什么呢？恐怕没有人能给一个 7 岁的孩子讲明白这个问题吧。

礼仪并不是要传递什么意义。比如一个人说“我在这里”，如果将这句话想象成寒暄问候，会感觉到和寒暄问候之间是有一些差别的。

所谓的问候寒暄，就是要表达出自己对别人的友好善意。

对于不同的人和情况，使用的寒暄语也是不同的。比如有这样一些寒暄语：“初次见面，请多关照”“和你见面太高兴了”“我在

等你哦”;对熟人可以说“没事的,放心吧”,对上司可以说“我很尊敬您”等。

如果不对人问候寒暄,是不会让人感受到温暖的,也就建立不起良好的人际关系。

你的善良友好终将会成为自己的礼物

很多人都深信自己是在向对方表达亲切,责备、无视等情感和自己没有任何关系,其实这是个误解。虽然行为是针对对方的,但最终自己行为表现的好与不好,自身都是能深刻体会到的。

比如在电车上给一位老人让座,当你用很友好的态度说“您请坐”时,传递出的这份善良友好是谁都能感受到的。

反过来说,每个人肯定都有过生气、无视他人的时候吧,那时的不好情绪肯定自身会有深刻的体会。

对他人善良友好,自己也会感到幸福;对他人讨厌厌烦,自己也会变得不幸。每个人每天都在经历着这些,但是真正能够好好待人的人少之又少。

自己每天传达出对他人的善良友好,会反过来馈赠给自己的。通过这些行为,也就形成了他人对于自己的印象。

通过你的待人接物,会形成他人对你的印象。所以,请不要在这件事上敷衍了事。

19

认为应该由下级主动打招呼让人疲倦，不管什么场合都主动打招呼的人让人愉快

如果领导高高在上不主动和下属打招呼，赢得不了下属的尊重

应该由下属主动和自己打招呼，想必很多想法老套、拘泥于上下级关系的人，是这样认为的吧。即使下属或晚辈向自己主动打招呼，也不看着对方、不点头回应的人，应该有不少吧。这样做会提不起下属的干劲儿，那么下属也会慢慢变得不重视向上级汇报工作情况、不联络工作伙伴、不和同事一起协作共事，最后搞得大家都疲于工作，提不起精神，甚至整个团队都会闹得很僵，停滞不前。

如果上级领导能够主动问候下属，那么下属就会觉得自己受到重视，从而充满能量，对工作充满干劲儿，同时也会更加尊重上级领导。如果领导让下属提不起干劲儿，那么下属的最终业绩也不会好到哪里去。

领导要学会主动问候下属，这是一项基本原则。一大早要主动和下属打招呼，以此来观察下属的精神状态和身体状况。

通过这样的方式关心下属，那么也会感受到整个团队是否充满干劲儿等。如果下属还有干劲儿的话，就会和领导有积极的眼神交流和回应。如果下属在人际关系或是工作上遇到了烦恼，那么可能会感觉到有些力不从心，就不会积极地回应了。

尽早发现团队的变化，采取措施，就不会损失战斗力。要是等到下属说“科长，我有话想跟您谈谈”时，就有点儿晚了。

学会热情地招待

男性一生中从未结婚的，20 年后差不多每 3 人当中就会有 1 人。大家都被这个数字吓到了吧？单身没有结过婚，肯定是经历不到丰富多彩的情感体验了。如果你希望结婚，肯定是想实现这个愿望吧。

在我的课堂上，有不少人都是抱着学习如何跟异性交往的目的来听课的。这其中，有一位是已经结婚 10 年以上、在跟异性相处方面是高手的人。他对待异性很温和，而且掌握了如何跟异性相处的秘诀。

最近，有一位男性终于结束了长时间的单身生活，这是因为他掌握了如何与初次见面的女性相处的秘诀。女方是一个对和初次见面的人打交道感到很不安的人，而这位男性无论是言谈也好，举止也好，都让这位女性感受到了一种安全感和温暖，所以他和这位女性的交往一直很顺利。

第一次见面就给对方留下很体贴、很会为别人着想的印象的话，是非常有利的。听说那位女性很喜欢猫，所以这位男性在回信中特意贴上了小猫的邮票。一直给人以呆板印象的他，竟然做出了这么体贴的事，令那位女性非常开心，所以不到一个月两人就决定结婚了。

仅仅是对他人的一点小体贴，就会令自己给别人的印象发生很大的改变。所以让自己努力变成一个体贴的人，可以改变自己的人生。

20 教孩子“千万不要和不熟悉的人交流”让人疲倦，教孩子如何与不熟悉的人相处让人愉快

教孩子“不能和不熟悉的人说话”，会使孩子的沟通能力下降

最近一些家长教育自己的孩子说“不能和不熟悉的人交流”，其实这是一种错误的教育方式。我甚至可以断言，这是对孩子的未来不负责的行为。

在这个世界上，我们的朋友、熟知的人，都是从第一次见面开始认识的。如果小时候没有接受和初次见面的人如何相处的训练的话，那么现在就让孩子学会吧。可能有不少的家长会认为，等孩子长大，慢慢也会学会的。这样的话，家长就会对孩子在这方面的教育不够重视，马马虎虎，认为多一事不如少一事。这样做，不会让孩子的沟通能力有所提高。

像这样被教育出来的孩子最困惑的，就是就职时的面试吧。突然有一天，生活会告诉他们：“作为职场上的一员，沟通能力是非

常重要的。”这恐怕会让他们措手不及。他们所欠缺的，就是“像个大人样”。

接下来他们要面临的一个问题，就是结婚。如果没有和一开始不熟悉的人发展成恋爱关系的能力，何谈终身大事呢？如果没有体验过和不熟悉的人的交流，长大之后孩子就会面临很多人际交往上的烦恼。

让孩子去挑战和他人建立人际关系吧

应该让孩子多多接触社会。当然，要教给孩子如何区分对自己有害的人和危险的情况，不要在没有其他人的情况下和人独处。无论是车里还是自己的家里，都不能让不认识的人进入。一定要留心注意自己所接触的人，也要提前告诉孩子如何从危险的状况中脱离出来。

推荐在人多的场合、朋友在的场合或是有成年人在的场合进行交流。通过与孩子的眼神交流来回应“你回来啦，今天真早啊”“谢谢你”等话语。问孩子“运动会是什么时候”，孩子回答“是下个星期天”，也要让孩子学会使用敬语表达。这是让孩子像大人一样交际的第一步。

当家里来电话了，也应该让孩子主动去接，让孩子学会如何在电话中与不认识的人好好交流，试着把接电话的权力让给孩子。

在没有父母保护的情况下，积累和不熟悉的人初次交流的经验,那么孩子就会不断学习如何像个大人一般与他人交际。让孩子学会体贴他人,这样就迈出了学会使他人愉快的说话技巧的第一步了。

3

第三章

“没有反应”让身边的人感到难堪

VS

“擅长倾听”引导对方愉快分享自己的故事

21

没有精神地回应对方让人疲倦，给对方很好回应的人让人愉快

没有回应，对话是进行不下去的

周围让你感到疲倦厌烦的，恐怕就是不给人回应的人吧。

“下个月，我要和妻子去旅行啦。”“哦。”“我们夫妻之间从来没有一起出去旅行过呢，真让我困惑啊。”“嗯。”“不管怎么说，我们毕竟每天见面，所以不管有什么好玩的事儿都会一起聊。”“是吗……”

那种不给人积极回应、有气无力的人，总会使原来精神满满的我们也变得充满负能量，没有力气。

我们把自己感受到的事情向对方表达之后，对方也会对此事有所感受，并且给予积极的回应，这样我们才会对此事、对自己的感受有更加深刻的理解。

和没有反应的人对话总是令人失望，因为我们得不到想要的反馈信息。如果想成为一个对别人所说的话有很好反应的人，那

么在关注对方所说内容的同时，也要敏感地去体察对方的情绪。这样做的话，就可以给对方恰当的回应了。

试着说出自己的感想

说话者将自己所思考的事说给对方听，倾听者将自己的所听所感回馈给说话者。很有趣的是，这样一来，说话者会更深刻地注意到自己的感想。

“女儿第一次在父亲节给爸爸写信作为父亲节礼物哦，真让我有点不好意思呢。”然后微笑着回应说“哇，真幸福啊”。这样的话，你自己也会深刻地感受到“很开心”的情绪。

“本来约好了和男朋友一起去吃饭的，但是他母亲突然说有事找他，所以这个计划就泡汤了。”你同情地回应道“那真让人窝火啊”。这时，你自己也会体会到一种不甘的心情。我们独处的时候，其实是不太会注意到自己真正的情绪是什么的，只有当倾听者给了你反馈，自己的真正情绪才会被体会到。

人们都是为了了解自己的感受，并且想找到能够懂自己的人，才会去交流的。当自己注意到了自己真正的情绪是什么时，喜悦感就会扑面而来。

22

没有力气地回应“哦”的人让人疲倦，回应“哎，是吗？我也是”让人轻松

说自己喜欢倾听的人，其实并不懂什么是善于倾听

现在有很多关于“学会倾听很重要”的书籍出版上市，但很多人并没有认真去读，还坚定地认为自己会倾听别人说话。但是，那几乎只是停留在“好好理解了对方所说的话”的阶段，这样是不能让对方感到舒服愉快的。

说话者通过你对他的反馈，会更深刻地明白自己的感想是什么。如果只会默默地听，没有什么实质性的回应，那么没有谁会比猫头鹰在这件事上更擅长的了。

所谓好好倾听，就是要把身体朝向对方，看着对方的眼睛，点头幅度大一点，让对方感受到你是在很认真地倾听。并且，当你说“嗯嗯”等回应对方时，要有点力气，有点精气神。虽然有些麻烦，但这确实是能让对方感受到你的热情的方法。

有人说“我就只喜欢听别人说”，但其实这并不是一个好的倾

听方法。

用你的全身去倾听，让对方感受到你的反馈和回应，这样你就掌握倾听的技巧了。

回馈给对方相同的情绪反应

“我的计划在公司的会议上通过了。”“太棒了！”“这可是我做了2年才做成的计划书啊。”“花了这么长时间啊！”“但当时上司一点都不看好这份计划书。”“那你可真是费了不少功夫啊。”

这样就是很好的回应方式，当对方说到自己的难处时，回馈给对方一些同情和安慰，使双方都有相同的情绪，这样会给说话者很好的安慰。让对方感受到“啊，他真懂我啊”，双方就会在心灵上架起一座桥梁，感受到一种心连心的感觉，两人就会像知心朋友一般。这在亲密的情侣之间是很理所当然的，但就算是刚刚见面的两个人，也可以通过这样的对话方式进行心与心的交流。

所以，能够给对方很好反馈的人，会感到由衷的快乐。像这样带着惊讶的语气说“哎？是吗？我也是”这样的话语，对方的脑海中就会浮现出“原来他也有这种感觉啊”的想法。

23 答非所问让人疲倦，给对方想要的回应让人愉快

答非所问会让对方感到疲倦

入冬之时，我跟一个人在短信上说：“昨天，在高尔夫球决赛上，我拿到了最高分。”对方竟然回了一句：“都冬天了，还能打高尔夫球吗？”其实我心里在想，对方应该给我的回答是：“那太好了！太棒了！恭喜你！”

还有一次，我说：“讲师山田竟然因为感冒，昨天跑了 7 趟厕所！”有人却回答说：“你竟然还数了有几次啊。”其实我心里在想，对方应该给我的回答是：“竟然有 7 次啊！好搞笑啊！”会倾听的人，可以给对方想要的回答。当然，这的确不是一件易事。

当自己并没有给对方想要的回应时，对方心里会想“我说的并不是这件事”，但是并不会当面说出来，所以也就不知道其实自己在答非所问。

“学会倾听对方所说的重点，学会捕捉对方的情绪”，其实是一

件挺难的事。

回应对方一声“嗯嗯”吧，这样会使对方有说下去的欲望

说话者并没有意识到，自己在开始说话时，会先说一句“我呢”，然后稍微停顿一下，看一下对方。另一方面，倾听者可能也没有意识到，当对方先说了一句“我呢”，然后停顿一下，再开始一段话题时，自己会看着对方，还会有力地回一声“嗯嗯”。

虽说这是理所当然、大家都会做的，但还是有不擅长倾听的人在对方说了开头时，根本就没有反应，一直等着对方说下一句。但是，交流的重要之处，并不在于内容是什么，而是双方的情绪被互相理解。

“我呢……”“嗯嗯。”“我发现了一个非常好吃的汉堡包店。”“哎？是吗？”像这样地回应对方，使双方的心灵之间架起一座桥梁，你可以跟身边的人这样互动一下。

当对方开头说“我呢”“昨天呢”开始一段话题时，尝试立马回应说“嗯嗯”或者“是的”等，这样一来，后面的话题就会很轻松愉快地展开了。

24

一直不停地提问让人疲倦，对他人的观点起共鸣让人愉快

不停提问会让人心生不满

觉得“会倾听的意思就是要会问问题”的人，应该有不少吧。在我的课堂上，不少人总是在问：“有多少学生啊？”“都是什么人会来听课呢？”“课时费是多少啊？”并且自己听到了答案之后，会像突然失去了兴趣一样转变话题，想必也会令对方失望吧。

一直不停地向对方询问自己想要知道的事：“我想开一间杂货店。”“在哪儿开？开店资金有多少？要雇用谁？”这样不停地发问，会让对方感到为难。

为什么呢？因为你并没有抓住“我想开一间杂货店”的真正意图。有可能对方真正想表达的是“我的丈夫在背后支援我”，或者是想抱怨“自己厌倦了现在的工作”这样的情绪。

但是，如果你问了一些多余的问题，那么对方也就不得不为难地回答你。这样的话，说话者真正想表达的意图就会偏离，又扯到

别的事上去了，就会令对方只留下对你不满的情绪了。

认真倾听对方的真正意图

如果善于体察对方的情绪，就是非常棒的倾听者了。对方说：“我要开一间杂货店。”然后回答：“杂货店？这不是挺好的嘛。”或者是回答：“你的想法很积极啊，是条挣钱的好路子。”以此和对方发生情感上的共鸣，等待对方说出真正想要表达的内容。

如此这样，对方就可以自由地表达真正想要说的内容了。如果能够认真倾听对方真正想要表达的事，这个话题就会很愉快地进行下去。

“这可是我小时候的梦想。”“实际上我也想弄个网店。”“我的丈夫和孩子都很支持我。”像这样，把自己想要说的分享给倾听者，然后对方一个个地回应：“是嘛。”“嗯嗯，太棒了。”“真令人开心啊。”这样的话，对方会因为你对他的支持而感到非常开心。

那么，说话者也一定会对这么懂自己的倾听者怀有感激之情。下次，尝试一下认真倾听对方所要真正表达的意图，进行一次愉快的交流吧。

25 面对自己不知道的事一直沉默不语让人疲倦，会诱导对方说话让人愉快

如果对于自己不知道的事直截了当地说“我不知道”，话题是进行不下去的

我在网上看到“卡拉 OK 行为守则”时，吓了一跳。这些“守则”，包括“唱自己不知道的歌很厉害，可以光荣上榜”“唱一些怀旧经典老歌，会让人感觉你很奇怪”等。

现在我们处于一个信息高速发展的时代，工作有各式各样，人们的兴趣各不相同，文化多元，到处都充斥着你没有经历过的事情和知识。几乎每个人每天都在接触自己并不了解的话题。

当别人跟你说“明天就是高尔夫球赛了”“我有两个正在上小学的孩子，也不知道这两人在悄悄说什么”“我的工作是销售”等，你可能会回答“我从没有打过高尔夫球，不太了解”“我现在还没有结婚，所以谈论孩子的话题……”“我没有做过销售”等，因为像这

样自己所不知道的事情太多了。

但是，如果不敞开心扉去听自己并不了解的事，自己就永远会是井底之蛙。如果你只和与自己经历相同的人交流，而不去接触未知的事，那么这样的人生实在是太无趣了。

正因为是自己未知的，所以才要去听

即使是自己没有经历过的事，也能够和他人愉快地聊下去。

像上面提到的，认为无法就自己没有经历过的事和他人进行交流，这种想法是比较狭隘的。对方有所经历，那么只要向对方好好提问，就可以使会话顺利进行下去了。

但是，即使一直听对方说“让杆子比赛”“PTA 聚会”“销售的商品”等，自己还是不会感到开心，因为交流中你自己的观点没有办法表达。

进行这种对话的秘诀就是，把焦点放到对方身上。并不是把重点放到像高尔夫球、孩子、销售等事情上，而是把焦点放到对方的感受、对方是如何表达表现的方面上。比如可以问对方：“你打高尔夫球的时候是什么感觉呢？有什么心得？”“教育孩子方面还有什么让你头痛的地方吗？”“销售的时候都遇到过什么样的难对付的顾客啊？”

这样的话，对方就会更多地和你分享自己的故事，同时对话也会充满人情味，就像是情节跌宕起伏的电视剧一样。而且你也可以从谈话中学到相关的知识、见闻等，这不是一举两得吗？

26 勉强寻求共同话题让人疲倦，主动分享自己的故事让人愉快

勉强制造话题会变得以自我为中心

如何进行人际交流呢？有不少不善言辞的人会回答："寻找共同的话题啊！"这样的答案。其实是很不负责任的建议。在这个信息高速发展的时代，和初次见面的人寻找到共同的话题，其实是很难的。

有时，初次见面的人会一直问你："你是哪个地方的人？""你的学校在哪里！""你的兴趣是什么呢？"那么，他就陷入了勉强找共同话题的误区了，只会让人感觉"那个人，怎么一直在没话找话啊"，令人扫兴。

而且，即使找到了和对方共同的话题，但总是进行不下去，草草结束了。"咱俩学校挺近啊，你知道这个咖啡馆吗？"或者是"你是橄榄球社团的社长啊！我也在橄榄球社团！○○学校的××选手进入到知名的团队了！"等，勉强把话题引到自己所熟知的领域。

此时对方并没有发言的机会，对方的故事也没有机会传达，只是表达了几个简单的信息。每个人都想有表达自己的机会，成为话题的主人公。如果是上述做法，话题是不会愉快地进行下去的。

首先学会构建“自己的故事”

那就是你的日常生活。早上起床，吃早餐，收拾东西，出门坐电车，到公司上班，吃午饭，继续工作，然后回家。

谁都想被别人评价说好，谁都想在坐电车的时候能有个座位，谁都想吃好吃的点心、蛋糕、水果。而且，不论是谁，都会有父母、兄弟姐妹、朋友恋人，也会有上司、下属、前辈、同辈、晚辈等。谁都会感到开心、难过等。这些，都是你可以和他人聊的共同话题。接下来，就是如何组织这些事情了。

那么就试着这样回问对方吧。假如你总是睡过头，是个爱赖床的人，那么就问对方：“你是不是早上起得很早啊？”如果你比较重视吃早饭这件事，那就问：“你经常吃早饭吗？”这样问，和谁都会有共同话题了。

比如，自己早上收拾东西太磨蹭、在电车上拼命抢座、在地下商场里没事瞎转、总喜欢逛甜品店等话题，都可以聊。然后转而问对方：“你呢？”这样的话，话题就可以轻松地开展，也就成为你们之间共同的话题了。

27

要求对方打起精神让人疲倦，理解对方也有难处让人愉快

即使说“拿出点精神来”，对方也做不到

本文暂且不提那种经常抱怨的人。人都会有消极的时候，“工作并不顺利”“已经到极限了”“不被上司重用”等等，可能会偶尔抱怨两句。这时，身旁的人对你的回应是很重要的。最令陷入困境的人感到为难的，就是“一直鼓励自己的人”了。“没那回事儿的，再继续加油哦，你是可以做到的。”“工作上加油，领导肯定会看到的。”以为像这样鼓励对方，就会使其振作起来，但其实这样会使当事人更加困惑和难过。

大家可能都有被电影、电视剧里的情节骗过吧？当心情低落的人被人鼓励之后，会马上燃起斗志，和困境作斗争，并且不久之后就会取得成功。

其实这种事情在现实中是很少见的。当听到别人对自己说“打起精神来”，其实自己能做到这一点是非常难的。

首先要做到的就是陪在对方身边

去理解对方，去体验这种复杂的情绪。我们都想去体验丰富的情感，并不希望压抑自己内心深处的情感，而是要让它自然地流露出来。

如果对方向你倾诉：“真的已经到我的底线了，我受不了了！”你会感到对方对于工作进展不顺的沉重的无力感。比起去改变对方的这种现状，不如去理解他痛苦的心情，仅仅陪在他身边就好。当对方说“这已经到达我的底线了”，那么你就回应他“真是辛苦了，真是太不好办了”。那么，对方就会放下防备，向你敞开心扉。

用“那真不好办啊！真是个大难题！”这样的话语来安慰对方吧。能够理解对方的情绪，你就是一个好的倾听者了，对方也会“注意到自己的感受”，开始向你倾诉更多。

注意到了自身的感受，就会将自己的感情释放出去，不好的情绪也会逐渐消失，从而重新振作起来。体验过“有人能够倾听自己的困惑，特别开心”这种感受的人，就会理解。

28

被别人评价说“善于倾听”让人疲倦，感受不到你很“善于倾听”让人愉快

被说“善于倾听”，会让人怀疑你有可能是让人厌烦的人

“我很善于倾听，朋友也这样夸过我。”有一位学生对我说。我心里对此充满疑惑，因为我发现他经常面无表情，而且对别人的回应并不擅长，总是对人冷冰冰的，所以他离善于倾听还有很长的一段距离。这之后，我也会定期发现有那些说“别人夸过我很善于倾听”的人出现，可是我却发现他们并不擅长很好地回应别人，所以心里会想“这人在说谎蒙蔽自己吧”。

后来，我终于知道，原来这是讽刺的话。在“善于倾听”的背后，其实隐藏着“你只是默默地听，不怎么说话，太沉默寡言”这样的潜台词。

同样，“你挺能说的”这句话的背后，其实隐藏着“你不怎么回应对方，一直自说自话的”这样的意思。

当听到别人在夸你“你很擅长倾听”时，不要急着开心，要先观察一下对方是否是微笑满足地真正地夸你。

真正的善于倾听，并不会让他人感到你善于倾听

表情丰富、对别人所说的话有很好回应的人，并不一定就是“善于倾听”。

和真正善于倾听的人打交道，你会感到很舒服，而且会不自觉地、忘我地和他进行交流，你也不会感到他是否善于倾听，这件事对你来说无所谓。

和这样的人打交道，你并不会想，这人要是能多说点话就好了。跟他们打交道，总会觉得时间过得特别快。有趣的是，说话者并不会注意到自己是因为对方善于倾听才有说话的欲望的，可总会觉得：“今天怎么心情这么好呢？”

如果能让人感到“我能这么愉快地和你聊天，都是因为你对我所说的话有很好的回应”的人，是非常善于交际的。而且，和善于倾听的人一起相处，会感到非常舒服，心情会好起来，觉得：“这个人太好了，我太喜欢了！”

29

简单的“鹦鹉学舌”让人疲倦，在情绪高涨时“鹦鹉学舌”让人愉快

机械地应答会失去别人对你的信任

很多关于描写倾听方面的书，都会建议人们要学会“鹦鹉学舌”。比如对方说“我喜欢吃苹果”，你就要说“你喜欢吃苹果啊”，以此回应对方。

但实际上，在真正的交流过程中，这样做会以失败告终。特别是对不善言谈的人来说，更容易在这件事上失败。原因是，如果你不带感情地机械应答，会给对方带来一种违和感。当我们加入感情来回应对方，就会很愉快地进行交流了。

“这次我要去德国旅行。”如果你机械无感情地说“哦，你要去德国吗？”，对方会在心里想：“他怎么用这种语气来回应我呢？”这样会让人感到违和。

像这样：“哎？德国！”“哇塞！德国啊！”用一种惊叹的、羡慕的语气来回应对方，对方就会非常开心。

如果你天生情绪特别平稳，最好不要勉强自己鹦鹉学舌、简单重复对方的话。用“是嘛”“是这样吗？挺不错的”等来回答对方，也是无可厚非的。

用惊叹的语气回应对方

如果能够用惊叹的语气重复对方的话，也会使话题愉快地进展下去。秘诀就是，当对方说到一些令人惊叹的事情时，用这种“鹦鹉学舌”的语气来回应对方。

“我的男朋友比我小 12 岁呢。”“天哪！ 12 岁！”

“我的工资降了 3 万日元呢。”“哇，竟然有 3 万日元！”

“我的弟弟和乌克兰人结婚了。”“哎？乌克兰人！”

一开始使用“哎”“哇塞”“天哪”这样的感叹词，是很重要的。这样的话，说话者就会觉得“这个话题还是挺吸引人的”，所以会继续分享他的经历、故事等。要时刻注意观察对方的情绪，当听到一些令人惊叹的事实、对方情绪高涨时，用惊叹的语气来回应对方，会使说话者感到非常满足和开心，所以对方就会放下防线，跟你吐露更多秘密：“我的男朋友其实在外面有情人了”“我的公司快要倒闭了”“我母亲反对他和外国人结婚”……

30

有气无力地回应“嗯”让人疲倦，微笑着回答“嗯嗯”让人愉快

不好好倾听对方，说明“没有把对方放在心上”

亲人、恋人、熟知的人，都会有跟你说“昨天呢”“我的公司呢”以此开启话题的习惯。

这时，如果懒得看对方，而且有气无力地回应“嗯”“哎”的话，就要好好注意一下自己待人接物的态度了。这可能会成为你爱的人疏远你的原因。

可能那些平时不在乎这件事的人会想：“怎么还会有这样的事呢？”当然，如果你 1 次、2 次这样做，并没有什么，但如果你对朋友或恋人、家人有这样 10 次左右的用爱理不理的态度说话的行为，他们是会对你有意见的。

比如，就算是“我在超市买的白菜好便宜”“我在回来的路上看到一只白色的小猫”这样微不足道的话题，你也必须要给对方一个态度好的回应，因为对方是希望你能够有所回应，表达你对他的在

乎的。如果你有气无力地回应对方，就是在传达“我并不爱你了”的讯号。如果在恋爱或婚姻生活中屡屡受挫，请反思一下是否是自己的这种爱理不理的态度让对方难以接受了。

学会使用肢体动作

在恋爱、婚姻、亲子关系中圆满幸福的人，最大的特点就是无论对方说了多么微不足道的话，都能有良好的回应。当对方突然搭话说“昨天呢……”，他们就会立马扭过身子，面向对方，回应一声“嗯嗯”。

那些人际关系好的人会说：“最重要的就是身体面向对方进行交流。”而人际关系差的人则会说：“竟然还要注意这一点?!”

当你给对方一个良好的回应时，就会向对方传递“我还爱着你”“你对我来说很重要”“你是一个很有价值的人”这样的讯号。如果你对对方爱理不理的，则会向对方传递“你对我来说一点儿也不重要”的讯号。特别是已婚人士，如果对家里人反应淡漠，就会持续地传递“我不爱你”的讯号，让家人失望。

所以也请你学会用自己的肢体动作来表达感情吧！如果惊讶，就将身体向后仰；如果有好的结果、好的事情发生，就拍手称赞；如果认为“原来如此”，恍然大悟，就激动地拍膝；如果遇到难题，就将胳膊交叉于胸前沉思。如果有这样的肢体动作，就会使对方展露笑颜，感受到你的情感表达。其实向人表达爱意的秘诀，就隐藏于这些微小的事情中了。

4

第四章

不受女性欢迎的无聊的人
VS
知道如何能受到女性欢迎的人

31

认为自己很了不起让人疲倦，适当暴露自己的缺点让人愉快

喜欢强调自己有多厉害，周围的人对你的评价并不会高

有这样一句话，只有优秀的人才能幸存。特别对于男性来说，这句话尤为重要。当然，有能力是最好不过的了，有问题的是那些能力不足却想不断炫耀自己的人。他们并没有什么特殊的本领和能力，却一直显摆："我很厉害！"

有一个卖西式糕点的年轻店主来到我的课堂上课。他继承了父亲留下的店铺，可是店里人心涣散，不出业绩，他和店员的沟通也很不好。如果能改善这一点，也许大家就能团结一心，生意也会好起来吧。他身为店长，店里经常入不敷出，并且经常有辞职不干的员工。他总是主张自己"很擅长沟通"，或者夸耀自己："我可是学完 MBA 的知识分子！"可实际上，这位店长所做的和所说的并不匹配。

人如果不谦虚的话，是无法成长的。如果一直骄傲自大，没有

正确的自我认知，会让周围的人对你更加厌烦。

不自大会让人愉快，还会期待下次跟你见面

即使不自夸自己有多么厉害，人们也会看到你的价值，会尊敬你。

比如，有人问你："你现在有女朋友吗?"你说："我 3 年前就和前女友分手了，现在一直没有交往新的女友，尤其在圣诞节、花火大会的时候，真的很寂寞啊!"这样来表达，别人并不会觉得你因为好面子而编造谎言，反而觉得你很真诚。如果你违心地回答："我真的工作太忙了，完全没有交女朋友的时间。"此时，对方早已看透你的心思，而且还可能会在心里给你贴上"不诚实"的标签。

当被问到："你的工作怎么样呢?"如果能够诚实地回答"我现在还没有完全适应工作的节奏，而且有时候领导会批评我"，那么就表明你对自己的工作不是不懂装懂，而是诚实地承认自己的缺点和不足之处。

如果能够大胆地、直截了当地将自己进展不顺利的现状说出来，别人就不会因此嘲笑你，反而会从心底里想"这人将来的发展一定会好起来的，会向好的方向发展的"。当别人看到你的诚实、率直，会从心底里对你充满好感。

如果你能将自己进展不顺利的部分、没有自信的部分诚实地展现出来，那么未来的发展一定会更加迅速，事业上也会更有成就。

32

不计后果地说“我可以”让人疲倦，不把话说满让人轻松

说“我什么都行”，开始觉得这人挺不错的，其实不然

“我会给你送礼物哦。”“平时我可是一个非常幽默的人。”“对女性也是呵护备至。”有时，会听到有男人这样夸下海口。但其实，你可能也体验过“我一件礼物也没有收到”“他所讲的话一点也不好笑，他也一点不懂幽默”“他根本就不会关心人”这种情况。

像这种经常说“我能行，我能给你做到”，但其实什么承诺都不会兑现的人，我暂且把他们称为“‘我能行’的伪君子”。

特别对于男性来说，拥有“成为能力强的人”的欲望的，有不少吧。所以会经常听到有的男性说“我经常在人群前大胆地发表意见”“我很幽默”“我很会体贴人”“我很有自信”等等。

其实，经常说这话的，恰恰是缺乏自信和能力的人，原因是他们对自己的要求太低，评价基准也很低。比如说了“我有和女性朋友喝过茶呢”“有人说过喜欢我，向我表白过”等话，就断言自己确

实很受欢迎。如果你夸他一句,他会立马飘飘然起来,成为自己炫耀的资本。所以和这种人相处,是一件相当累的事。

比起说“我很厉害”,不如从说出让人感到亲切的话开始

电视节目中那些受欢迎的帅气男演员,当记者采访他们时说“你相当受欢迎啊”,基本上他们都会谦虚地回答“哪有啊,差得远呢”。当跟一个年收入过亿万日元的企业家说“您充满着经商的头脑”,此时企业家反而会谦虚地说“即使今天成功了,也不代表明天会怎样”。

真正有自信的人是谦虚的人,因为他们的特点就是对自己极其严格。颜值很高却谦虚地说“自己并不是那么受欢迎”的男演员,知道追求自己的女粉丝并不是可以真正和自己度过一生的人,所以不敢确定自己未来的恋爱进展会有多顺利。那些在商业上十分成功的企业家,即使取得了很大的成就,也不会因此固步自封、骄傲自大,而是时刻都在为未来的危机做好准备。他们身上谦虚的品质,会使他们成长得更加迅速,成为一个更加优秀的人。谦虚,就是心怀更远大的目标,期待更好的成长。

这样谦虚的人,虽然非常有能力,却很平易近人,所以会被很多人爱戴,也更容易把握住成功的机会。

33

固执己见的人让人疲倦，而说“谢谢你的建议，我试一试”的人让人愉快

自己的想法不一定都是对的

不敢承认自己能力有限的人，是可悲之人。有不少刚进公司的职员，面对前辈对自己的工作所提的建议不会认真听取，而是固执地认为自己的做法是正确的，却见不到其在工作上取得业绩。同样的，也会有不少前辈认为，如果按照后辈的想法去做了，就是错误的，并没有什么用处。

总会有人想“我就非要按照我的想法做不可”，或者是“如果按照你的方法做，那要等得黄花菜儿都凉了”。

这种人其实内心并没有多大的自信，别人稍微指出其工作效率比较低的缺点，他就会认为这是对自己的全盘否定。这种现象在男性中尤其多见。

勇敢地接受批评，并行动起来吧

这是有勇气改变自己缺点的表现。比如说，即使非常懂社交规则的人对人建议道“从在早上和同事打招呼开始做起吧”，有时对方也会回答“我们公司的同事从来不互相打招呼，所以你的建议根本没用”。但是相反，也有接受别人的建议，非常爽快地说“谢谢你的建议，我试一试”的人。也许他们的内心对于批评建议是有抗拒的，但他们明白这和自己的成长有关，所以会认真听取，加以改正，还会给你实践的反馈，比如“我本来以为我们公司的同事都不互相打招呼，但是当我主动跟他们打招呼时，我发现对方也会给我积极的回应”等。所以，综上来看，面对同样的建议是否有积极的态度，从这一点上就能区分出个人成长速度的快慢。

如果能够虚心地接受批评建议，周围的人会心底里佩服你，觉得“这个人能够很勇敢地接受自己的缺点、接受批评，真是了不起”。

不能接受别人的批评的人，和能够接受别人的批评并加以改正的人，不久就会慢慢地拉开差距。

34

不懂装懂的人让人疲倦，经常虚心求教的人让人愉快

不懂装懂的态度并不会使你取得别人的信任

一般优秀的人都不会说“不知道”这 3 个字吧。即使是自己初次听说的事，也会违心地感叹说：“应该是这样的……”如果谈到工作上的事，不承认自己“不知道”的人就更多了，特别是如果对自己的后辈说“不知道”，更会感到羞愧。当后辈跟你指出“处理这一部分的话，用这个系统效果会更好一点吧”时，如果你死要面子，很可能会说“这个我知道啊，但是根据我的经验来判断，这个办法应该是最好的”。然而，在基础知识方面比你更胜一筹的后辈又进一步说：“前辈，这个方法的缺点你知道吗？”这时，你因碍于情面，还是会坚持说：“怎么可能有这样的事呢？”如此一来，话题是进行不下去的，这项工作能否顺利进行下去也是个问题。

这种不懂装懂的态度是最令人讨厌的，周围的人心里会想：“其实他什么也不明白，却不懂装懂。”其实，这时你只要说一句“我

不太清楚”，就能够解决问题。

为了获得信赖，请直接说“我不知道，没有了解过”吧

当然，还是存在非常谦虚的前辈，会主动跟后辈说：“这个问题我不太了解，你能具体教教我吗？”这是一件很需要勇气的事。

有的人可能会误解，认为如果对后辈说“能教教我吗”，有可能会受人轻视。但是，这样做的话，对于后辈来说是一件很开心的事，并且会以此为激励，更加努力地学习强化自己所学的知识。因为在这个信息高速发展的时代，我们不知道的东西太多了，就算你不知道、没了解过，也不会受到别人的轻视，没有什么可丢脸的。

其实有自信的人，深知他人对自己的评价并不是靠自己的知识和技能决定的，而是靠自己的态度决定的。今天你所不知道的东西，如果请教了、学习了，就会变成自己的东西。即使对方是后辈或小孩子，但在某些方面都可以成为你的老师。现在是科学技术日新月异的时代，就算是新职员或学生也会知道你所不知道的东西。当你谦虚地对对方说“你告诉我的太有用了，谢谢你”时，所得到的是新知识和别人对你的尊重。

35

总在勉强地说“一定能行”让人疲倦，承认“自己有不安感”让人轻松

强迫自己积极思考的“积极向上的人”

当然，如果你充满着积极的思维方式，人生应该会成功，这种想法可以说在我们每个人心中根深蒂固。实际上，“积极”的思维方式和人生获得成功并没有太大的因果关系。那些一直喜欢和别人比个高下的人，总会认为“积极”和成功有很大的关系吧。我把这些人称作“悲观的积极向上”的人。以下是我和这种“积极向上者”的对话。

我说：“对于公司的经营呢，不知何时会出现怎样强劲的竞争者，并且消费者的心思也总在变化，形势真是严峻，真是一刻都不敢松气啊！”而对方会回答说：“你这真是消极的想法啊。”他们认为“消极”的想法都是不好的，所以拒绝承认任何“不安感”的出现。

像这种类型的人最容易疏忽的地方就是，他们不管人生中出现任何问题、困难，总认为只要自己的内心非常积极向上，一切都

OK;这样会给他们造成一种幻觉,就是“我的人生一直非常顺利”,从而对出现的问题不管不顾。如果有女士遇见这样的男士,就需要擦亮眼睛好好选择了。

接受不安和不满,并想办法改善解决

人生中最积极的做法就是“行动”,比起思想上的积极向上,不如落实到行动中,通过行动来收获丰硕的成果。实际上,那些真正有实力的人会认为,有不安感并不是一件坏事情,反而是一个能让自己成长的好机遇。

“虽然我在上市公司上班,可是未来并不会一帆风顺,所以我会感到不安,也会行动起来去创建人脉资源,不断学习充电获取资格证书,做到有备无患。”

这就是行动的开始。“不安感”就是“现在的处境并不好,还处在危机之中,对未来诚惶诚恐”。如果能够勇敢地承认自己的不安感,就会努力去规避风险,将自己的人生转向好的发展方向。真正优秀的人,都会存在不安感,并且会对这种不安感加以重视,采取行动。所以,他也会对别人的不安感有所宽容。

当有人跟你倾诉说“我现在还是一家小公司的小员工,所以未来结婚这件事真是让我发愁啊”,你并不会否定他,而是充满理解地说:“谁都会有这种不安感存在的,不要紧的,慢慢来。”这和那种认为有不安感就是不好的“积极的人”正好相反。和能够承认不安感并采取行动的人一起相处,真是一件非常愉快的事。

36

说“我来告诉你怎么做”让人疲倦，充满同情地说“那真难办啊”让人愉快

就算说出解决对策，问题还是解决不了

“公司酒宴的地点不知道变了多少次，真让人头疼，而且我们女职员中有不少唱歌不太擅长的，所以还是不想去熟人多的酒宴。看来，根本就没有为我们女性职员考虑啊！”“对了，有一种手机软件是专门为五音不全的人设置的，特别好用，可以试试。”

我想，这样回答的男性不在少数吧。

男性认为只要能够解决女性困惑的问题，就会大受欢迎，其实这是个误解。可能男性认为“优秀者就会受欢迎”，其实不然。

所以当男性倾听女性说话时，总是会说一些解决方法，并且一发不可收拾地说下去，那么就会把话题引向错误的方向。如果对女性说一些根本行不通的方法，会更加雪上加霜，适得其反。

“我们公司真是奇怪，营业科长竟然插嘴总务上的问题。”“这件事让我说嘛，应该让你们公司的人提醒一下。”这种站着说话不

腰疼的回答,会使女性失望。如果类似这样的事不断积累,就会导致夫妻感情不和或者恋人分手。

让人感到可悲的是,这些男性并不清楚感情不和的原因是出在自己的言谈不妥上,所以好为人师的男性,最好早一点认识到这个问题。

尝试着说“原来是这样啊”

擅长理解消极情绪的人,在倾听抱怨方面也是很擅长的。

当别人跟你抱怨说“公司酒宴的地点不知道变了多少次,真让人头疼,而且我们女职员中有不少唱歌不太擅长的,所以还是不想去熟人多的酒宴。看来,根本就没有为我们女性职员考虑啊!”其实对方此时最想得到的,是你对她不好的处境的理解和安慰:“嗯嗯,是啊,真的应该更加为女性考虑一些。”

即使自己解决不了这个问题,但仅仅通过理解对方的消极情绪,也会使对方的心情好很多。

当对方跟你说“我们公司真是奇怪,营业科长竟然插嘴总务上的问题”,你应该温柔地回答:“这真是让人烦心的科长啊。真想让他闭嘴,不要再插手多管闲事了。”

仅仅是能够理解体谅对方的消极情绪,就会让对方的消极情绪慢慢消失。男性更应该知道这一点,这样做会让女性的心理压力大大减轻。

37

一直宣称“我都这么努力了”让人疲倦，问“有什么可以帮助你的吗”让人愉快

一直发牢骚的人认为努力的只有自己

“和刁蛮的顾客斡旋了好一阵子，最终他还是毁约了。公司的工作人员什么也不懂，怎么会有那么笨的人存在啊?”“我一个人跑遍了整个日本和交易方商榷，但回到公司之后总感觉那些老油条们在扯我的后腿。真是愚蠢极了!”

这些都是深信自己比别人高一等，比别人优秀，认为别人头脑很笨，都是自己在出力干活，埋怨别人一点儿活都不干的表现。当然，这样的人会给他的妻子或是恋人等带来不好的影响。我实在是觉得，和这样的男性相处的女性有值得同情之处。

这种总是抱怨的男性，最大的特点就是觉得自己特别有想法，也有能力，于是总瞧不起身边的人，从中获得优越感，最终导致的结果就是自大。因为自大，所以给自己带来了虚荣心的满足和快

感，也就会不断地埋怨、瞧不起身边的人。

但是，对于倾听者来说，他们并不会一直容忍下去。如果这种人总是说“我真生气”“你真笨”“你的想法太幼稚”等消极的话语，那么他本人也会变得意志消沉，并且给家庭带来不良影响，更严重的是给孩子带来不良影响。

所以，希望总是抱怨的男性尽早察觉这一点。

尽力去帮助他人

真正能干的人从不会长时间地抱怨，这是因为他们对于现实充满信心。当现实生活中出现了不顺利的情况，他们会思考应该如何做才能将这件事引向顺利发展的方向。

当公司里有负责人在工作上出了问题，他会对对方说“我刚才传达的信息有什么不对的地方吗”“我有什么能帮助你的地方吗”等等。当公司中有故意扯后腿的人出现时，他会不计前嫌地说“有什么问题大家都一起协作完成”“大家共同的智慧是非常重要的”等等，将大家团结在一起，建立很好的团队协作精神。他们拥有谦虚低调的品质，以及将敌对者变成合作者的本领。

当你的身边出现经常抱怨的人，就试着问他“你应该怎样做才能让对方按照你的意思行事呢”或者“你应该怎样做才能成为对方的合作伙伴呢”等。

另外，经常抱怨的人其实是潜力股，所以要通过问这些问题来发现他的优点和价值所在，让他变得更谦虚，这正是使他工作更有动力的秘诀。

38

说“一直在后悔”让人疲倦，说“一定会有解决办法”让人轻松

一直说后悔话是没有自信的表现

“还是没有能够辞职成功啊！”“我怎么买了那么贵的手表？”“我怎么会上高速公路来了？真是比一般的道路更拥挤！”

你遇到过这种总是说后悔话的人吗？如果有，这种人绝对不会有大出息，并且钱也不会挣得多。希望女性不要找这样的男性结婚，因为你要是经常听到这种后悔话，自己的运气也会受到不良影响。

他们对于不安很敏感，可却无法针对这种不安想出相应的对策。他们的头脑中一直充斥着后悔，根本不会去思考前进的方向在哪里，也不会付诸有效的行动。不论何时总是后悔万分，如此恶性循环着。如果和这种人生活在一起，会感到非常疲惫。自然，他们的人生也会充满着霉运。

我认为，如果现在你正在和这种有后悔癖的人交往，还不如让

自己在忍无可忍之前果断地和其断绝关系。

试着经常说"这个应该如何改善"吧

有出息的人、让我们能够有所依靠的人,也会有失败的时候。但他们不会一直抱怨说"如果事先放弃的话就好了""我事先应该这样做就好了"这种后悔的话,因为他们知道过去的已经过去了,一直后悔过去只不过是在做无用功、浪费时间,并且会给身边的人带来消极影响。

当他们失败、失落、遇到挫折时,会问自己:"这个问题的解决方法是什么呢?"当他们跳槽失败时,会考虑"我在这种环境下需要采取的最好行动是什么""为了下一次不失败,我现在所要做的是什么"等等。

如果你的伴侣是这种积极思考的人,那么他值得你用一生去交往。当然,作为女性,也要拥有这种积极的思维方式。

当你的伴侣开始后悔时,试着问问他:"现在需要采取的最好行动是什么呢?"通过你对他的"调教",相信他的思维方式会变得积极起来。

39

空谈理想的人让人疲倦，知道风险的人让人愉快

开始找借口时，你的梦想是不会实现的

“我某一天会成为这个行业里最优秀的人！”“10 年后我会开一家属于自己的店！”“我才不会满足于现状呢！”这样夸下海口的男性，应该有不少吧。

当然，有梦想并且付诸行动的人是非常棒的，但如果说得好听却不付诸行动，是不会实现自己的远大理想的。这样的男性，我称之为“做梦男”。

和这种“做梦男”相处，确实是一件很心烦的事。但是，还是会有女性被这种男性吸引，这种女性还会说：“在你实现梦想之前，我会给你精神上的支持，当然也会给你一些经济上的支持。”这对于女性来说，真的是一件很累也很考验人的事。

其实识别这种“做梦男”，方法很简单。“我某一天会成为这个行业里最优秀的人！”“10 年后我会开一家属于自己的店！”“我才不

会满足于现状呢!”说出这种话的人,你只要观察一下他的努力和行动就会明白。如果他们又说“现在我还没有时间”“现在我的能力还不行”“等我有了钱以后再说”等,不停地找借口,就是不见具体的行动,这种人很快就会将自己的“梦想”抛到一边,忘到九霄云外。

承认“我现在的能力还达不到”

如何看清一个男人到底是个“做梦男”,还是一个真正有远大抱负、能收获成功的人,就观察一下“他是否真正了解一件事的风险”吧。

“做梦男”总是嘴上说得特别好听,并且其最大的特点就是将错误归到别人头上,比如“又有人干涉我了”“时机也太差了吧”“对方的头脑也太不灵光了”等等。

相对的,那些真正有出息的人,会说出自己对现实、对实际情况的悲观看法,比如“如果这个单子定下来,绝对是个大项目,但是对方可真不好对付啊,很难说服他。现在我正在为找到有说服力的材料而发愁呢”等等。

正因为他们承认有阻挡理想的绊脚石,才会涌现出突破困境的智慧。并且,即使事情以失败告终,这种人也会从自身寻找问题,比如“我的计划还不够全面,和同事沟通有欠缺”“我对于风险的估计太天真了”等等。

经常反省自己的问题,能够避免再犯同样的错误。这种人不久之后就会取得事业上的成功,与其相处也会很有安全感。

40

一直主张“一般来说”的人让人疲倦，承认“也会有这种情况发生”的人让人愉快

你所认为的“一般来说”，对于别人来说并不一定

“一般来说邮件来了，不就是得马上给人家回复吗？”“一般来说这里会有 1 到 2 次的大减价！”“一般来说作为妻子，不就是得早上给家里人做早餐吗？”……

之前在我的课堂上，我对女性学员做了一个关于“令人感到头疼的男性行为”的调查，结果令人意想不到的是，最令人反感的男性，是总将“一般来说呢”挂在嘴边、将自己的价值观强加到别人身上的人。

女性面对这样的男性，心里会这样想：“这是你所认为的‘一般’吧。你怎么能把自己的价值观随意强加到别人身上？”在这里，我暂且把这样的男性称为“以自我为中心的男性”。

以自我为中心的男性，总是认为自己就是对的，别人的做法、

行为、思想就是不正确的，所以总会被女性讨厌。

当他们看到骑着自行车带着小狗出来散步的人，总会说“一般来说，那种散步方式是没有的”等等，将自己的价值观通过“一般来说”表现出来，这样会让与他们相处的女性感到非常头疼。我的女性学员都这样异口同声地对我这样说。

这种以自我为中心的男性，一张嘴就会暴露自己的缺点，这真是一件很可怜的事。

接受不同，尊重个性

这个世界上，每个人都不尽相同。在人类社会中，都是由不同的人一起组成家庭或者合办公司。在这样的集体中，肯定会存在文化和生活习惯上的差异。如果跟对方说“你这个做法是不对的，一般来说我们都是这样做的”，会给对方造成一种无形的压力。如果是明白这个世界的运行规则并不是由个人的价值观来决定的人，那么谁都会感到和这种人相处是非常愉快和开心的。

有个人曾经告诉我这样一件事。有一次他和一位女生打算乘坐电车出去。男生上车的车站是在女生的前面两站，男生便提前用短信告诉女生自己乘坐的是哪一辆电车，他认为这个女生一会儿就会上车，直接和他在目的地汇合。

但是，电车到站时，这位女生并没有上车。眼看电车门都关了，女生还是一直站在站台上。一会儿，这位女生发来短信说：“我以为你会下车来接我一下，然后咱俩一起到目的地。”

这个习惯是女生从小生活的故乡一直遵循的。这时，有些男生可能会说:“你的做法是错的,听我的就好了。”但是这位男生却笑着说:“这的确是文化上的差异啊。”就这样,两个人在短信上就化解了尴尬。

就算都是日本人,也会有常识上的差异。那些尊重包容差异的人,都会很平和地和任何人相处吧。

5

第五章

斤斤计较的人 VS 心胸宽广的人

41

指责别人的人让人疲倦，能传达感受的人让人愉快

女性总会倾向于挑男性的毛病

人们有时会挑别人的小毛病，似乎可以从中获得快感。经常主张“我才不会挑别人的毛病呢”的人，实际情况并不是如此。

从我的经验来看，女性尤其会揪住男性的一些小毛病，喋喋不休。比如女性会问自己的男朋友：“还记得我的生日吗？什么？你怎么还是记不住？我之前不是问过你一次吗？”像这样的例子，应该有不少吧。这样的情况常见于恋人或已婚夫妇之间。女性通过责备男性，使自己显得高高在上，这可能就是想要长期支配男性的一种手段吧。

经常看到女性在恋爱的时候还是很温柔的，可是结婚之后就态度大变，变成怨妇一般，开始挑丈夫的各种毛病，比如“你拿筷子的姿势真难看”“味增汤都能弄洒”“你睡觉总是打呼噜”“睡姿也难看”等等。而且可能女性在结婚一年后，还会掌握电视机的控制

权，管自己丈夫一天要洗几次澡或者要喝多少瓶啤酒等，所有的一切都要掌握主导权。

对于男性来说，面对妻子的这种行为，也会非常烦心。

能够传达自己感受的女性令人愉快

女性的不停责备就像针一样，虽然微不足道，但是扎心。一次两次的责备没有什么问题，可是日积月累，会给男同胞带来非常大的心理压力。由此带来的结果，就是男性夜不归宿，心中充满埋怨和不开心。如果此时男性正好在外面碰到了温柔的女性，甚至可能会出现背叛婚姻的结果。

但是，在这个世界上也有不会给对方压力的女性，她们总是会将自己的感受直截了当地表达出来。

例如，当男朋友记错了女友的生日时，一般的女性都会非常不开心吧。但是，当男朋友记错生日，问道“你的生日是在这个月的下旬吧”，此时能够坦率表达自己心情的女性就会说：“哎？你忘记我的生日了吗？我感到有点难过。”这其中并没有任何责备男朋友的语气，只是将自己“很难过”的心情传达了出来。

像这样并不责备男友，而是坦率地表达“我有点难过、难受、不太开心”等情绪，反而会让男朋友为自己伤害到女友的心情而感到后悔，进而进行自我反省。

像这样能够坦率真诚地传达出自己情绪的女性会让人有一种舒心感，她值得男性用一生去呵护。

42

总是想得到别人夸奖的人让人疲倦，主动赞美他人的人让人愉快

别让别人难堪

一位男士在健身房里看到一位女士正在健身，便说：“啊，××女士，你最近怎么变得这么漂亮了？”那位女士看起来很开心地回答说：“哪有的事啊，我只是下一年准备结婚了呢。”

当这位男士在健身房训练完之后，另一位女性笑眯眯地凑近他说：“难道你不夸夸我变得更加漂亮了吗？”这位女士是半开玩笑地说的，但随后她把这件事跟自己的同事提起来，似乎在背后责备那位男士“我一次也没听他夸过我”。

那位男士得知之后，一脸困惑地向我请教。他从来都没有受过那些女士的夸奖，却被她们在背后说坏话，实在让人不能理解。或许那些女士会解释说“这都是跟他开玩笑呢”，但这无形之中，给了这位男士心理压力。

像这种通过在背后说别人坏话来获得快感的人，总会找各种

理由抨击别人。

那么，在你的心中，是否有这样的小恶魔出现过呢？实际上，要这样的小聪明，会给男性带来不小的困惑与压力。

主动夸奖别人吧

以上例子所说的是“夸奖一位女性，却成了男性的罪”。女性通常希望别人能够最先关注到自己。有一位去美容院美容的女性跟我说：“野口君，你怎么没有发现我烫头发了？你也不夸夸我啊?”这突如其来的责备，像是判定我犯了什么罪似的。

如果你想得到对方的关注，首先就从认真观察对方身上的变化并主动夸奖他做起吧。“你的领带特别符合现在的季节特点啊。”“你的手真巧啊，对这些小玩意儿还有这么深的研究呢!”像这样夸奖男性，想必他们也会非常高兴的。然后，男性也会慢慢地关注你。

对于男性来说，能够发现对方身上的变化是一件比较难的事，他们并不擅长。比起责备他，不如先从夸奖他做起，试着这样“调教”你爱的人吧。

43

总是说“你不会观察吗”的女性让人疲倦，传达“你不关注我，让我感到孤单”的女性让人愉快

说“你不会观察吗”的女性让男性非常困惑

“你竟然问我我不开心的理由是什么！我不用说你也会清楚吧？你是不是不爱我了？”经常会听到女性这样质问，其实这样会令男性认为你很不可理喻。

有女性这样抱怨说：“你如果爱着我，就应该知道我的情绪是什么，知道我心里想的是什么。”一般说来，女性天生就比较善于体察身边人的情绪，但她们总认为男性也擅长这件事。

对于一般的男性，这件事真的是非常不擅长。当自己回到家，发现妻子不开心，耷拉着脸，或者和女朋友约会时，女朋友突然变得很不开心，遇到这样的情况时，男性真的是措手不及，不知道该怎么办才好，心里会产生“是我不好吗”“是我说错话了吗”“是我不小心说漏嘴了吗”等疑问，因而精疲力竭，困惑不已。这应该是男

性和女性在日常生活相处中，最令人疲倦的时候吧。

脸上露出不开心的表情、甩脸色，是女性经常对男性使用的威胁手段，这其中隐含着“请你观察我生气的理由，否则我是不会原谅你的”这层意思。其实，如果女性做得太过分，会导致男朋友跟她分手。所以，请女性注意这一点。

变得更冷静些，条理清楚地提出你的愿望

能够将自己的生气理由清楚表达的人，和人相处起来非常轻松愉快，同时也不会让人感到任何心理压力。

比如有男士突然会说：“要是结婚了，你就干脆把工作辞了吧。”此时，你要非常冷静，而不是带着怒气说：“干脆把工作辞了？感觉你是瞧不上我的工作？你怎么有点像昭和时代的男人一样大男子主义？”如果心平气和地说话，男性就会明白你的想法，并且也会心平气和地跟你解释。

这和不说明理由、随意怄气的人给人的感觉大不一样。

比如说：“我好不容易为你改变的新发型，还特意买了好看的衣服，你却完全没有注意到。你对我一点也不关心，真是让我感到孤单。”如此坦率地传达出自己的心情，真是帮了男性一个大忙。这样，男性会对传达出“你对我不关心，使我感到很难过”的女性加深理解，并会慢慢学会关心她。

可能会有女性认为，这样跟自己的男朋友提要求，会不会被他讨厌。其实正好相反，这正是男朋友了解你的好机会。

44

总是说“那已经不错了”让人疲倦，看破不说破让人愉快

如果说“那已经不错了”，会让对方心里不舒服

“周末休息日，我在高速公路上开车，从京都到神户需要花 4 个小时啊。”“那已经不错了，上次我在黄金周的时候上高速公路，当时因为发生了交通事故，路上特别拥挤，我在车上过了一夜。”

我们时常会听到“那已经不错了”这样的话。我想，谁都有说过这句话的经历吧。虽然说出这句话并不会引起什么麻烦，可确实会让对方心里堵得慌。

这种不舒服的感受，应该就是对方将所说的话题又引向别处引起的。当听到超出自己预想的回答时，只好沉默着，但对方却浑然不觉，非常满足于自己提出的话题。

被夺走话语权的人，心里会一直感到不舒服。他可能会一而再再而三地忍让你，可在心里早已把你划入了黑名单。所以请记住，最好不要说出“那已经不错了……”这样的话。

给对方充分展示自我的机会吧

你的父亲在夏威夷有一套公寓，你一年内会去夏威夷好几次。如果你的同事非常开心自豪地跟你说“这是我人生中第一次去夏威夷”，此时的你，是要用非常了解夏威夷的口吻来回应吗？比如说“我的父亲可是在夏威夷那里有一套公寓呢”吗？

但是比起满足自己的展示欲望，还不如控制住自己，将表现的机会让给他人。你应该这样回答他：“夏威夷啊，那太棒了！”让对方有充分的表达机会。你忍耐住自己的表现欲的奖励，就是别人对你的尊敬和亲近，并且你也会得到周围人的高评价。

能够使周围的人感受到快乐的人，比起展现自己，更在乎的是周围的人的心情是否快乐。

45

将自己的想法强加于人让人疲倦，先认真聆听对方的想法让人愉快

如果责备说“我才不会那么做”，会让对方渐渐疏远你

“迟到了为什么不联系一下我?”“才 5 分钟嘛。”“如果是我的话，迟到 5 分钟绝对会提前联络你的。”“我可做不到。”

如果经常说“是我的话肯定不会做那样的事的”“是我的话会这样做”，那么你就要注意一下自己的言语表达了，因为其中隐含着“我的选择才是正确的，而你的选择、做法是错的”这种幼稚的想法。

比如，跟对方说“是我的话会马上发一条短信回复”“是我的话肯定会节约自己的钱”“是我的话就算发烧也不会请假不上班”等等。像这样将自己的价值观强加到对方身上，会让对方在无形之中感到一种压力，感觉和你相处是一件很累的事。

人要有一些社会常识，比如“不要在深夜的时候给别人打电话”“如果要拜访别人，请提前跟对方打好招呼”等。这时，就不要

说“是我的话会……”，只要说一声“这是社会常识”即可。

不要认为自己的做法是别人也应该效仿的。人的成长环境、思维方式、价值观都是不同的，如果能够意识到这一点，你的朋友自然也会多起来的。

问对方“那你是怎么认为的呢”

认为即使迟到5分钟也应该电话联系一下，稍微发点烧的话上班也是没问题的，这些想法其实也无可厚非。如果懂得交往的艺术的话，首先就要学会倾听对方的想法和价值观。

“对于你来说，迟到5分钟的情况算严重吗?”“对于你来说，稍微发烧的话会不会身体也很难受呢?”如果像这样询问对方的意见，那么对方就可以自由地表达自己的想法和价值观了。其实对于迟到这件事，大家所采取的态度也是各种各样。对于工作以外的迟到，能容忍的人有不少。

再说发烧这件事。每个人的体质不一样，有的人强一些，有的人弱一些，因为轻微发烧而不能工作的人，也是存在的。

如果能够认真倾听对方的想法、感受和价值观，对方就会自然而然地发自内心尊重你，并且感到和你相处非常愉快。

如果你想让对方的态度有所改变，就试着用请求的语气跟对方对话:“如果有迟到的情况发生，你要是能稍微提前联系我一下的话，我会很高兴的。”这样，对方也会欣然接受你提出的请求。

46

不停质问“为什么？ 这是怎么回事？”让人疲倦，理解接受“也还是有做不到的理由”让人愉快

站在道德制高点，脱口而出的责备

“为什么还在玩游戏？不是不让你玩吗？”“为什么不存点钱啊？”当认为对方的行为不正确时，我们会习惯性地责备说：“为什么？怎么会这样？”这些责备的话语中，隐藏着“你是错的”“为什么采取了错误的行动”“为什么不去做正确的行动呢”这种责备的心情。

即使自己有什么做得不对的地方，当有人用高高在上的语气责备你时，能够爽快地回答“我从今天起会改正”的人，应该是很少的。被你责备的一方，会不知不觉地对你采取对抗挑战的态度。

请将“你为什么还不戒了游戏的瘾？”换成“是不是我对你的管教有疏忽呢？”，将“为什么不存点钱呢？”换成“是不是你并不需要存钱？有什么理由，对吗？”。

作为领导，如果经常责备下属说："你为什么只写了报告书？"或者你作为家长，经常对孩子说："为什么你不会收拾收拾自己的房间？"如果是这样，就应该学学怎样表达才能让对方更好地接受你的请求。

把"为什么你要这样做"换成"这样做有什么原因吗"

"为什么你要这样做？"含有对对方责备的语气，并不能使对方放下防备，跟你开诚布公。相反的，如果你说"这样做有什么原因吗"，对方就不会感到你侵犯了他的界限，反而会亲近你，向你袒露心声。

所以你可以这样表达："戒不了游戏，肯定有什么原因吧？""很难存下钱来，是有什么原因吗？"如此一来，给人的感觉就会完全不同。

此时最重要的，就是传达出"让我来听听你的想法、你的理由"的讯号。即使你说"你做不到是不是有什么原因"，但因为含有一种责备的语气，对方也是不会跟你袒露心扉的。

如果你想尽快让对方有所改变，把自己的价值观强加在对方身上，就只会徒劳无功，因为对方并不会很轻易就改变自己的行为。

如果你遇到听不进话的孩子、没有干劲儿的下属，在问他们"是不是有什么做不到的原因呢"的同时，请先充满耐心吧。虽然对方在短期内不会发生什么变化，但从长远来看是会有一些变化的。

47

事后表达不满让人疲倦，当场说出建议让人愉快

装作受害者令人厌恶

把自己当成受害者，给对方愧疚感，操控对方，这通常是自身立场不坚定而且弱势的人经常使用的伎俩，我称之为“受害者伎俩”。

如果你察觉到自己的男朋友或者丈夫忘了你的生日，但你却一直沉默着，等到生日那天也不吭声提醒他一下。生日过后，你跟男朋友说“我要过生日了”，此时你的男朋友就会猝不及防，来不及准备。此后，你可能会一直责备男朋友，并且总会抓住这个把柄，让他始终愧疚。

这就是“受害者”的伎俩，听起来真让人不寒而栗。

当你和男朋友在饭馆吃完饭，男朋友说“咱们走吧”，两个人走出店门时，你又开始说：“我想吃饭后甜点。”这句话似乎也隐含着“男朋友一点也不贴心，都不知道我想吃饭后甜点”的委屈情绪。

这也是一种"受害者伎俩"。

如果长期觉得对方亏欠自己，自己是受害者，会给男朋友造成非常大的心理压力，令他身心俱疲，最终结局就是向你提出分手。经常使用受害者伎俩的女性，最终害的还是自己。

学会撒娇，将自己的感受表达出来

使用受害者伎俩责备男朋友的女性，幸福并不会降临到你的头上，因为这样会使男友背负巨大压力，不愿意回家，且为了不受责备而变得缄口不言。所以你要意识到这种做法是错误的，停止使用"受害者伎俩"吧。

为了改变自己，尝试着当场说出自己的真实想法吧。

比如，你在饭馆和男朋友吃饭，而你的男朋友比较迟钝，并没有察觉到你还想吃点什么，直接说了："咱们走吧。"此时，你应该说："稍等一下吧，我想吃饭后甜点。"当你购物时，你的男朋友并没有观察到你提着很重的东西有点受不了，此时你可以直接说："真的太重了，帮我提一下吧。"

其实男友在女友直截了当地向他提出要求后，都会顺着女友的意的。所以，你并没有必要在等到男朋友出丑后责备他，让他有愧疚感。并且，表达自己的感受后，你会感到更加快乐，而且会发现你的男朋友变得更加爱你了。

48

总是鸡蛋里挑骨头让人疲倦，能够轻描淡写地说一句“是吗”让人愉快

总是鸡蛋里挑骨头，幸福会离你越来越远

“现在青年人的背包里还放着除臭剂这种东西啊，现在的年轻人真是有洁癖。”“哎？你偷窥了他的包吗？”

在闲聊的时候总是鸡蛋里挑骨头，会让对方感到厌烦、疲倦。比如在上述情景中，对方会充满怒气地辩解道：“我并不是偷窥，而是他背包掉下来的时候里面的东西洒出来，我看到的！”

鸡蛋里挑骨头的做法，可能是想通过责备别人来获得快感吧。感觉自己比对方高一头，产生能够操控对方的幻觉。不提法律，伦理道德、礼仪、规则、常识等方面都会成为这种人鸡蛋里挑骨头的对象。

那种人会无时不刻地观察你的表情和语言表达，只要有一点漏洞，就会不失时机地拿你开玩笑：“怎么从你的表情来看，你很像在撒谎啊？”“你好像是讨厌我的说话方式？”……无论是谁面对这

样的人，都想躲得远远的。

肯定他人，你会发现你和周围人的关系将发生翻天覆地的变化

如果一直责备他人，自己就成了“怨妇”一样的人。即使你对对方表达出不满的态度，最终痛苦还是会落到自己身上，反过来攻击自己。

如果发现自己爱鸡蛋里挑骨头，那么就尝试着变得温和起来，不要再去挑别人的毛病。不久之后，你会发现自己的心态将变得非常平和。

当你发现自己又想挑别人的毛病时，请先保持头脑冷静，思考这样几个问题：我这样做是否会让对方感到厌烦？我这样做是否是在控制对方的行为？我这样做是否觉得自己站在了道德至高点上，而感到一种无耻的快乐？

最重要的是，无论在何时，你也要审视自己是否又起了挑别人毛病的念头。这样的话，就能抑制住自己的行为。

比如你脑子里突然显现“哎？你竟然偷窥了他的背包”这样的念头，刚要说出口时，请抑制住这个冲动。你只需回应对方一句“是吗”，就行了。如果能这样做的话，你就能建立起和谐的人际关系了。

相应的，这对你个人的成长也非常有利。

49

大声恐吓别人让人疲倦，相信对方让人愉快

过度自我保护的言行会使人际关系恶化

性骚扰、权力骚扰、精神虐待，类似这样的恐吓现象在现代社会并不少见。在社会上横行霸道，会给周围的人带来相当大的困扰。

“山田君，你剪头发了？这不是非常好看吗？”“你是故意逗我！”像这样反过来谴责对方，被夸奖的山田不仅不高兴，反而给对方加上罪名。

“计划书要求昨天交，跟我说说你没能完成的理由！”“科长，你这是在权力骚扰我。”这其实是在为自己的能力不足辩解。

如果故意让别人难堪，那么你终将失去别人对你的信任。

学习更丰富的语言表达,使其成为让你突出重围的武器

周围使你感到相处舒服的人,他们所掌握的语言表达应该是很丰富的吧。比如说在酒席上突然被问到触及隐私的问题:“你现在交男朋友了吗?”你回答说:“这可是我的小秘密哦。”如此表达的女性,会让旁人轻松。

但如果有女性断言说“你这是在对我性骚扰”,就成了给别人随意定罪了,会让对方感觉突然被押到了审讯室一般。说话一不小心,你自己就成了被攻击的对象。

上司非常生气地对你说:“我都说过多少次了,你还是不改!”此时你回答说:“科长,我感觉有点吓人啊,你这语气。”那么,就可以避免说出“权力骚扰”的字眼。

如果随意恐吓对方,对方可能会反过来攻击你。当对方问你涉及隐私的问题时,如果能够巧妙智慧地斡旋,就可以成为保护自身的武器。

50

直截了当地指责对方的错误让人疲倦，能够原谅对方的失误让人愉快

不要对男士的失误喋喋不休，抓住不放

为了庆祝两人的结婚纪念日，丈夫约妻子出来吃饭。两个人兴奋地跑去了一家高级餐厅，却被告知“很不凑巧，今天已经满席了”。于是，妻子便用怀疑的口吻质疑道：“咱们好不容易来到这么一家好店，而你竟然没有提前预约好，真让我失望！”

另一对情侣出去开车兜风，女友坐在副驾驶座。因为男友之前走过这条路，可以说比较熟悉这条路线了，所以女友很放心。可是车开着开着，前面突然出现了两条路，男友的判断是走左边，实际上走右边才是正确的。最终，他俩没有去成心仪的酒店吃午餐。此时，女友开始不停地埋怨：“我说吧，叫你走右边，你不听。”

这是经常发生在情侣之间的事。实际上，对于男性来说，这对他们的伤害很大。在这之后，男性做什么事都提心吊胆，生怕又

犯错。

在这种情况下面露不悦、随意发脾气的女性,并不能和男友保持长久的爱情。

成为宽容的人吧

男性最爱的女性,并不是美若天仙的美人,也不是身材好得像模特儿似的美人。虽然她很平凡,并不出众,但只要能够温柔微笑着、有宽容心,就是男性心里最想寻求的伴侣。

对于上文提到的没有提前预约好餐厅座位的男士,女友应该这样说:"咱俩去个普通一点的店也没什么,如果能去一家有草莓蛋糕的店就好啦。"如果说出善解人意的话语,自然能抚慰男性的心灵,并且双方也会因此感到愉悦。不让人为难的判罚是秘诀。"嗯,这个我到底应不应该原谅你呢?"如此温柔的"审判",男友的心理压力一定会大大减小。

对于上文提到的不小心走错方向的男士,女友应该这样对他说:"咱中午没去成,晚上重新去一次吧。那个是三星级饭店呢,我好期待!"这样的话,男性肯定会立马答应你的请求吧。

当你能够原谅伴侣的失误,伴侣肯定会更加爱你的。

6

第六章

让对方疲倦的切入话题方式

VS

让对方愉快的切入话题方式

51

只说自己想说的信息让人疲倦，传达对方想听的信息让人愉快

不要说话太啰嗦、进入主题太慢

一天，我为了办理保险业务，来到保险公司的窗口处询问。我问工作人员："我适合什么样的保险呢？比起死亡保险，我更偏向于医疗保险和所得补偿保险。"而工作人员回答我说："保险的话，有3种。首先是定期保险……"一直滔滔不绝地说了30分钟。然后我又问："那么到底哪一种保险比较适合我呢？"工作人员依旧偏离了我的问题，说："不是养老保险吧，理由是……"我本来是怀着很大的期待来到这家保险公司的，可结果太令我失望了，工作人员并没有解决我的困惑。我最终没有在这家公司办理保险，而是换了另外一家保险公司。

不擅长向他人说明清楚状况的人，经常说话没有主题、目标，总是把话题扯偏，最终连自己说到哪儿了都稀里糊涂的。这种人说话不直奔主题，一直跟你绕弯子，最终完全不知道自己要说的重

点，也让倾听者陷入“信息的海洋”里，迷失方向。

那么，倾听者会感到精神疲惫，大失所望。

让对方听到想要的答案

“野口君，当得了三大疾病其中之一的时候，我建议你买这种保险。”这样给我推荐保险的，是一位女性工作人员。我在之前的窗口听那人絮叨了一个小时也没搞清楚的问题，在她这里只用了 1 分钟就解决了。

“嗯嗯，好的。那我就买这个保险。”我开心地回答。

那种擅长说明情况的人，在说明事情之前会找出“对方最想得到的信息”。而且，他会先把结论告诉你，再来详细展开话题。先把对方想要获得的信息开门见山地说给对方听，后面的谈话就会进行得非常顺利。当然，因为结论已经有了，所以后面的话不听也是可以的，可以节省很多精力和时间。

相反的，那种不擅长把事情说清楚的人，会把对方想要听到的答案弄得含糊不清。他们首先会把一大堆理由和具体情况跟你说一通，最后要下的结论自己都会忘掉，混乱不堪。

如果不擅长说清楚事情，就从尝试着先告诉对方他最想要得到的信息开始吧。这样做的话，对话就会慢慢变得直奔主题，让对方能够抓住重点，你也能把事情介绍得清清楚楚。

52

不回答别人提出的问题而换成别的话题让人疲倦，直接回答别人的问题让人愉快

一直等不到想听的回答……

明天是最让我期待的夏日高尔夫比赛，我特地准备了含有预防中暑成分的麦茶。我本来想带两包麦茶，又突然想，把另一包先放冰箱里冷藏着吧。所以，就在包里放了一包麦茶。“对了，你知道麦茶吗?”我这样问妻子。可是妻子这样回答:“还有一包?”“你不是都看到了吗? 还明知故问?”我心里这样想，但克制住了没说。妻子又说:“你喝了一包吧?”我有点失落地回答:“嗯。”

还有一个例子，一位男士问要去听音乐会的妻子:“今天你打算几点回来?”妻子说:“我今天带着孩子一起去。”“那么你和孩子打算几点回家?”妻子又回答说:“嗯。”无视了丈夫对自己提出的问题。

像这种答非所问的人，当别人问他问题时，他的脑子里总是充

斥着各种想要讲的事，根本没有认真听对方在问他什么，最终只会答非所问地只说自己想说的。

有可能那位妻子想回答的是："我今天好不容易休息一天，和孩子出去玩，有可能会晚点回家，大约××点吧。"但是，当她听到丈夫问她问题时，心不在焉的，只回答了自己脑子里印象最深的事。

简单地回答就好

能意识到答非所问这个问题的，都会认真地聆听对方的问题。

当听到有人问他问题时，善于交谈的人会马上抓住问题的核心，简单清楚地回答对方。如果此时你的脑袋里突然浮现出别的事，想要逃避对方提出的问题，请记住你的答非所问会给对方留下不好的印象，所以下次不要再犯。

当被问到"今天你几点回来"，应该首先在脑子里浮现出"大约是××点"。因为你要知道，这是对方最想听到的回答。然后，再把理由和状况都清楚地告诉对方吧。

如果你能够直截了当地、清楚地回答对方提出的问题，对方就可能会夸你："最近你回答问题的方式变好了啊。"

那么，请你在说话前，首先在脑子里想清楚要回答的话吧。

53

不能抓住话题的核心让人疲倦，能够看清话题的本质让人愉快

不能抓住话题重点的人，会让人感觉在无视对方

A:“最近，我发现老人院的工作人员真是太亲切了，照顾人很周到。”

B:“最近老人院的竞争真是激烈啊，我一个朋友为了找到好一点儿的老人院，跑断了腿似的。”

A:“我母亲要是能够早点住进这家老人院就好了。”

B:“我女儿说她长大了要找一份比较体面的工作，她这么一说我就放心了。她想当护士呢。”

B真是个说话不着边际的人，回答问题完全不在点上。应该有不少人都碰到过这种人吧。人们在谈话时，都是带有一定的目的性的。大多数人都会在谈话中抓住对方的意图，那么对话就可以顺利进行下去。如果做不到这一点，就像是在无视对方，各说各的。

上文一开始 A 想要表达的，是他对养老院的好服务的一种惊叹。其实他想听到的应答是“那你真是找了一家非常棒的老人院，你的母亲肯定会很开心吧”等等。但 B 却无视了 A 所说的内容的核心，只顾着说自己的想法，不免有些跑题了。如此这般，A 会失去继续说下去的欲望，而且可能会想：“我想和 B 保持一下距离了。”

回应对方“哎？是吗”，慢慢找到对方真正要表达的事

即使是非常聪明机灵的人，也未必总能感受到对方真正要表达的事。此时，这种人并不会说一些多余的，而是会让对方多说话。

A：“最近，我发现老人院的工作人员真是太亲切了，照顾人很周到。”

C：“哦，是这样吗？”

A：“我母亲要是能够早点住进这家老人院就好了。”

C：“你真是找了一家棒极了的老人院啊。太好了！”

A：“嗯嗯。虽然一开始还犹豫着要不要来这里，但还是毫不犹豫地住进来了。现在我母亲很开心。”

聪明人不会一开始就问“这是哪里的老人院”这样的问题。当话题还未正式展开时，不能问太多问题，导致话题偏离中心。首先要看清楚，对方最想要传达的部分是什么。在你明白之前，应该先回应对方“嗯嗯”“是这样啊”等等，试图找出对方的意图。如果你清楚了对方想要传达的事，那么再发问也是可以的。这样，对方就会认为你“是个聪明人”，从而亲近你。

54

用专业术语聊天让人疲倦，用通俗语言传达信息让人愉快

“中心销在哪儿?”对方并不了解这是什么意思

如果你聊天的对象是一个玩心很重的高中女生，她用年轻人的网络用语表达“太Q了”，你可能并不知晓这个网络语言，但看在她还是个孩子的份儿上，也就罢了。

但是如果你作为一个成年人，经常使用一些不知所云的“专业术语”，就会失去别人对你的信赖。但是，有很多职场人还是经常把工作上经常使用的专业术语拿来跟别人聊天。

“野口君，你知道中心销在哪儿吗?”我不由得回答道：“嗯?”其实“中心销”是指商务人士所在公司的最重要的部门，局外人肯定是不知道的。

“我们和贵社的前景真是同步。”有人对你这样说。原来，他们公司把目标相同的伙伴都视为和自己“前景同步”的公司。

那些用惯职场专业用语的人，认为自己所知道的词汇是大家

都知道的。那些销售负责人，不说自己的能力是很强的，而是经常会使用那些所谓的专业术语来反衬别人的“愚蠢”。

不要这样装腔作势了。请意识到使用通俗易懂的语言来交流，才是商业成功的秘诀。

不要使用蹩脚的英语

有一些令人讨厌的人，经常会使用蹩脚的英语来交流。最近，我感觉这种倾向的发展是越来越快了。

我认为，使用大家都能轻松理解的母语来表达，是比较合适的。

比如，你可能会用英语来表达：“使用 leverage（杠杆作用），让商业加速发展怎么样？”这可能会显得你英语很好、很洋气，但别人并不能听懂。此时，你还是应该用不论年龄大小、从事何种职业的人都能听懂的母语来表达：“使用杠杆作用，让商业加速发展怎么样？”再有，将“solution”变成“解决”，将“respect”变成“尊敬”，这样表达不是更好吗？

使用英语确实会让人感觉你很聪明博识，但是这样的语言在非英语国家并不经常使用，大家不能理解你所说的是什么。那些从事商务工作很成功的人，虽然他们的英语说得确实非常流利，但他们在日常生活中会用地地道道的母语来表达，因为他们知道没有必要展现自己的英语水平有多好。如果你用蹩脚的英语来表达，只能显露出你的肤浅。所以，请注意这一点。

55

不敢说“不”的人让人疲倦，能干脆果断拒绝的人让人轻松

不敢说“不”，心里非常痛苦的人们

那些在人际交往中特别照顾别人情绪、甚至有些胆小的人，遇到困境时可能会不知所措。

比如，你和对方的关系还很一般，并不是太熟的朋友关系。如果对方跟你说“借我点钱吧”或者“我能参观一下你的房间吗”等等，你会很担心这种情况出现吗？

这就是说，你害怕拒绝别人，生怕不小心得罪别人。

在人际交往课堂上，老师曾经说过，如果你觉得某人品行不好，不值得交往，那么果断地跟他断绝联系即可。当和你并不熟的异性向你提出“给我看看你的房间吧”这个请求时，你可以直接果断地告诉他（她）：“不好意思，我这里不方便。”虽然说这是个问题，但其实并不是什么问题，毕竟有解决的办法。

学会拒绝，就如同滑雪时防止你摔倒的滑雪板的刹车功能一样。正因为你相信不会出现什么严重的后果，所以才敢去挑战。

当你觉得对方品行不好时，直接和他切断联系即可。

拒绝时，就算不说理由也无可厚非

你可能会认为，在拒绝时，必须要说出理由。但是，如果不找出拒绝的理由就不敢拒绝的话，处理人际关系对你来说就是一件头疼的事儿。

如果你们只是简简单单、并不太熟的关系，只要对对方说出“不”即可，不需要再多余地解释理由是什么。当有人对你说“我这里有一个比较好的投资项目，来投资吧”，如果你并不感兴趣，就直接告诉他“我不搞投资”即可。如果他还是纠缠不休，你就直接告诉他“对不起请回吧”即可。

“我这里举行了一个有朋友参加的烤肉聚会，你来参加吧。”如果你没有兴趣的话，就直接告诉他：“我知道这是一个难得的机会，但这次我得谢绝了。”这样告诉他，就完事了。

不会拒绝的人，就算是去购物，也不会感到心情愉快。

如果店员不停地跟你推销产品，你只要说一句“请不要再继续向我推荐了”即可，其他人也不会说你什么。

你只要传达出自己的意愿即可。如果对方问“为什么拒绝”，你只要说一句“不好意思，我不感兴趣”即可，因为你有权力去做自己想做的事，有权力拒绝自己不想做的事。学会拒绝吧，去建立轻松愉快的人际关系吧。

56

优柔寡断让人疲倦，能选出最优选项的人让人愉快

总是反复纠结“去”还是“不去”，无法决断

优柔寡断的人总是让人疲倦。比如在饭馆吃饭，其他人都已经选好菜了，你却一直盯着菜单，犹豫不决，不知道吃什么好。“选哪个好呢？”“这个好吗？”像这样困惑不已，下不了决断。

有朋友向你提出旅行的计划，但是你一直犹豫：“我要去！”“我又不太想去了。”最后，你可能会放朋友鸽子，无法信守当时作出的承诺。和优柔寡断的人交往，会浪费很多精力和时间。

优柔寡断的人看似在思考，其实是在做无用功，只是在脑海中犹豫困惑着“我应该怎么办啊”，并没有思考核心的问题——“要选择什么”。这种人一直在想“选这个的话不好”，并没有思考什么才是最好的选择。

优柔寡断的人不会作出决断，只会拖着问题，不敢冒险，最终什么经验也积累不了，也不会有成长。

从 3 个选项中选出 1 个最好的

为了改正优柔寡断这个缺点，请掌握选择的方法。

先观察一下优柔寡断的人的思考方式吧。比如在家庭餐馆点菜时："汉堡包也好吃，猪肉饭也好吃，或者还是意大利面套餐加咖啡好呢？还是……哦，对了，咱为了不吃胖，还是吃日式套餐吧。要不然吃桃子冻糕？"

选项太多，反而不知道如何选择了。

首先，从菜单中选出最想吃的 3 项，不要纠结在一样东西上。先选择一份西洋套餐、一份日式套餐，或者是别的套餐。也就是说，从各种套餐中分别选出一份你最想要的。

接下来，明确一下选择这 3 种套餐的理由：

"晚饭吃得有点晚，那么选择清淡一点儿的吧。""选最便宜的。""选对减肥效果好的。"

像这样问一下自己选择的理由是什么，再选出一项最好的吧。一旦决定了，就不要再回头看那些你已经放弃的东西。其实每一个选项对你来说都挺有诱惑力的，所以你一旦回头看，就会后悔。还是请变得果断一些吧。

57

给出一些莫名其妙的回答让人疲倦，能够领会对方消极情绪的表达让人愉快

不擅长理解对方带有消极情绪的话

“我老婆对做饭一点儿兴趣也没有，一般只会做两种小菜。”“你妻子是考虑到你的身体吧。”“可是她做的净是一些油炸的东西啊。”……像这样给别人一些奇怪回答的人，或许你也遇到过吧。

“我男朋友真是小气，每次和他出去吃饭都要 AA 制。”“这应该是你男朋友考虑到你的将来而在存钱吧。”“你怎么知道他的意图是这个？绝对不是的！我可真不想跟这样的小气鬼结婚！”

像这样没有经过大脑就脱口而出的答案，是徒劳无功的，甚至会惹恼对方。如果总是给对方一些牛头不对马嘴的回答，对方可能就没有和你交流的欲望了。

总是给对方一些奇怪回答的人，很不擅长去理解带有消极情绪的表达。其实他应该这样回答：“那你的妻子得在厨艺上加把劲儿了！”“这样小气的男人真让人窝火啊！”……

如果别人将自己内心积压的不满情绪向你倾诉，你要学会把他心里的压力慢慢释放出来，这才是智慧的做法。

“配菜只有两样啊。会不会吃腻啊？我还真是有点儿同情你了。”“作为女性的话，对经常 AA 制是不太能接受的呢。”如果你能够这样回应对方，对方就会和你分享更多，谈话就可以非常愉快地进行下去了。

允许别人也有消极情绪吧

总给出一些让人莫名其妙的回答的人，还有一个动机，就是让自己有一种优越感。如果你的内心深处有这样一种“邪念”的话，请打消这个念头吧。

如果你怀着这样的念头跟别人交流，那么对方肯定不再想见你第二次。

如果你不喜欢别人的消极情绪，并且老是给别人一些牛头不对马嘴的回答，就试着将“袒露自己的消极情绪是不允许的”这种想法改变吧。

当一个人受伤时，你不要再去贬低他，往他的伤口上撒盐。当你的心情非常沉重、想要释放内心压力时，也请将压抑的心情组织成语言表达出来吧！这并不是一件不好的事，请对方也听听你的诉说吧！

首先大胆地把自己脸上的面具揭下，将自己所忍受的事情说出来吧，比如：“我家先生连我减了一公斤肥都没发现！”

58

总抢话语权的人让人疲倦，能够让别人做主角的人让人愉快

“了解我更多一点吧！”会让对方感到很不舒服

“我家孩子上的那家辅导班，并不太有名，但是老师的水平真的挺高的，所以我家孩子的成绩提高不少呢。我都为我家孩子突飞猛进的成绩感到惊讶了！”“嗯。不过，还是感觉请家庭教师会让孩子的成绩提高更快。我家孩子的家庭教师是国立大学理科系毕业的，一开始……”

像这样忽视对方所说的内容，强行将话题转移到自己所说的方向上，并不合适。其实，本应该多问问对方孩子成绩提高的事的。可惜的是，这种人从来不会注意到自己已经将对方的话语权剥夺了，只顾着说自己的。这种自私的人，还总是反过来说那些插自己话的人的坏话：“那种人真是令人心烦啊，总是说自己的，不给别人说话的空间。”但他并没有发现，自己其实就是那种讨人厌的人。

这种人这样做的动机，是他有着非常想要展示自己的欲望："我想让别人更加了解我。"他心里会认为"我说的事谁都不在乎啊"，于是感到不满足，所以一有机会总是抢过对方的话语权，说："我呢，我这个人吧……"就这样，一发不可收拾。

如果发现自己确实扯到别的话题上了，就赶紧"原路返回"吧

能够给总是习惯插别人话的人的建议，就是看着对方的眼神交流。如果你发现对方的表情有所变化，稍稍显出不太高兴的样子，就赶紧回到刚刚所说的话题上吧。

因为自己所说的话题被打岔，任谁都会很讨厌的。

"我前一阵子去了板桥的店铺吃饭呢，不愧是从宫城的盐龙市运来的新鲜的、刚刚打捞上来的鱼，真的是太鲜美了！我也跟我妻子说了，下次我一定带她一起来吃。""嗯嗯，我知道哦，那是在车站后面的招牌店铺啊。并且那条街上还有一家寿司屋，那家店都开了差不多 30 年了吧，我学生时代经常去那里吃。"此时，你突然回过神来，发现自己把刚才的话题岔开了，于是说："啊，不好意思啊，我刚才岔开话题了。刚才你说，你要带妻子一起去？"如果你这样做，将表达的机会让给对方，对方肯定会很开心。他心里肯定会想："你真是个能够替人着想的人！"

如果你们几个人在一起聊天，此时你发现有人把另外一个人的话题岔开了，等那个人说完之后，你可以再说："刚才话说了一半，是××说的话题吧。"像这样再回到刚才没有说完的话题，那么

那个被岔开话题的人就可以继续表达了。

谈话就是要让每个人都能有完整表达的机会，这样的话，我想每个人的心情都会非常好的。

59

支支吾吾的人让人疲倦，坦率表达自己的感受让人轻松

犹豫要不要敞开心扉

“你家是在哪里呢？”“我家在市内。”其实市内这个范围是非常广泛的，用这种方式来回答对方，就是在传递“我不想和你再继续说下去了”这个讯号。

“你的工作是什么呢？”“我做的是技术活儿。”说起技术活儿，到底是什么工作，还是很难让人搞明白的。对方心里会想：“原来如此啊，那我也不会再多过问了。”这样一来，对方就会失去和你交流的兴趣。

现代社会确实已经进入到一个隐藏个人信息的时代了，不愿袒露心声的人越来越多。他们可能觉得，如果将自己的个人信息泄露出去，会招来不必要的麻烦，因此感到不安，不愿跟人深谈。但是，这在无形之中，将自己与他人之间的距离拉得更远了。

所以，结果我们面临着两种选择：不怕这些风险，和很多人保

持良好的人际互动；或者回避风险，尽量和他人保持距离，只和自己熟知的人交往，交际圈很小也没有关系。

敞开自己的心扉，你会收获意想不到的惊喜

要尝试敞开自己的心扉。当然，向别人袒露的并不是你的住址、工作等信息，而是你可以将自己的感受表达出来。

“夏天的时候，一打开冰箱，那扑面而来的凉气真是让我喜欢得不得了。”或者是“当我刚到电梯口时，电梯门恰好关上了，这真是令我太难过了”。

如果你能将自己的感受坦率地表达出来，那么你的身边就会出现很多喜欢跟你分享的人。当你说出“我是这种类型的人哦”，那么你的身边也会出现跟你说“我也是这样的性格”或者“我也有这样的感受”的人。

这也许和你迄今为止与熟人在一起时的感觉完全不同。你也能和这些人聊得来，所以你们在一起相处时也会充满欢乐。此时你会意识到，原来你曾经把一些重要的、快乐的东西排斥掉了，而且自己原先所抱有的恐惧其实是没有必要的。

你会意识到，原来能够敞开心扉，也是一件很重要的事。

7

第七章

让人憋屈的固执的人

VS

让人舒心的温和的人

60

断言“你应该……”让人疲倦，问“有什么难言之隐吗”让人愉快

固执于“你必须要……”

“孩子必须要对自己的父母非常孝顺。”“夫妻是不可以分居两地的。”“作为男性，必须要撑起家里的全部责任。”

如果始终拘泥于“必须要……”，就是将自己的主张强加给别人。

但是人生百态，会有各种各样的困境摆在你面前。比如说对父母的照顾，因为自己的工作原因，很难照顾得了患上老年痴呆症的父母。当你想雇人照顾父母时，你的多事的亲戚可能会“劝告”你：“你竟然让别人照顾你的父母，太不像话了！”像这样干预别人的事，有不少吧。

当被别人说“父母就应该由儿女亲自陪伴照顾”时，那些没有主见的人可能会放弃自己的工作，接受这个荒唐的想法。如果你放下了工作，就会陷入没有经济收入的苦日子。

同样的，那些主张“孩子到了 30 岁就必须结婚、建立家庭”的

父母，也是一样的顽固。结婚这件事的前提，是要有一个处得来的对象才行，但这对于年轻人来说其实并不太容易。

"人生就必须要……"总是强调这种观点，以此来责备他人、谴责他人的人，他的不幸福的人生也会随之而来。和这种人相处，会让你痛苦不堪。

问对方"有什么难言之隐吗？"

"如果可以的话，你就去每天照顾父母吧。""如果有合适的人，赶紧去结婚吧。"但是，对于当事人来说，因为时间原因或者各种各样的工作上的忙碌，这些并不是轻易就能实现的事。如果此时你还火上浇油地说"你应该……"，反而会让对方更加烦躁，甚至陷入更加困难的困境中。

如果你询问对方："你现在没有办法亲自照顾父亲，是工作上的原因吗？"那么对方可能会很愧疚地告诉你："我也是实在想尽自己的孝心，但由于工作上的原因，实在没办法，不得已才雇人照顾父亲。"你听到之后，就会明白和理解他的做法。

父母很担心地问："结婚是不是很难？找对象遇到什么困难了？"虽然儿女可能对着父母不好意思说什么，但是也会感到父母是理解自己的，那么就会敞开心扉，说出自己的真心话。

正打算读精英学校的儿子，突然得知学校不想招收自己，伤心难过，闭门不出。如果父亲此时能问一句"上这所学校是不是有什么困难"，这个问题可能会朝着解决的方向发展。这之后，迈过这个坎的儿子肯定会在日后说一声："爸爸，真感谢您当时能安慰我、理解我。"

61

执着于自认正确的主张让人疲倦，能够通情达理让人愉快

正确的道理不一定就是对的

有个想要从大阪车站的自动扶电梯左侧走上去的人。这时电梯左侧站了人，那人就说："实在不好意思，我有点急事，您能让一下吗？我想赶紧上去。"可对方却回答说："自动扶梯是不可以走上去的。"就这样无情地拒绝了他。

确实，在乘坐自动扶梯时不能走上去，是电铁公司希望广大乘客遵守的规定。这确实是一个规则，是正确的。可是，拒绝他人的人将这件事视为绝对，并不会随机应变，传达给对方的讯息就是"我来教教你吧"。

实际上，我们时常会在无意识中这样做。比如，你和恋人去的那家餐厅正好关门了，你就开始责备对方说："要提前预定好座位，你知道吗?!"或者你的朋友不小心漏看了你发来的短信，你就断然责备他："你连短信都不会看吗?!"以这样的口吻，来责备身边的人。

当然,你的责备也是对的、无可厚非的,可这毕竟不是工作场合,没必要这么严肃。如果你总是胡乱地给恋人、朋友加上这样的"罪名",你的人际关系就会陷入僵局。

不要一口咬定"婚后出轨是不对的",而是要包容地倾听

比如,你跟一个已经有出轨行为的朋友说:"你都结婚了,出轨是不对的!"这样地直截了当,你的朋友心里肯定会有抵触情绪。虽然他做得确实不对,可是他并不会接受你的批评,所以这样解决不了任何问题。

首先,从说一些原谅对方的话开始。

"出轨？因为你特别喜欢她?""她很可爱吗?"像这样的循循善诱,你的朋友说不定就会慢慢接受你的建议了。然后对方跟你说:"哎,其实我对我妻子有点不满的情绪。"像这样,你的朋友就会继续跟你敞开心扉了。此时,你再将利害关系说给对方听:"那你现在没有跟你妻子分开的意思?"或者说:"万一被你的孩子看到,你怎么解释？你怎么给孩子做个榜样呢?"

错误确实是错误,但人毕竟都不是完美的,所以我们要对不好的事情有一些心理准备,并有一颗宽容的心。当你能包容地倾听对方,有一颗善解人意的心,那么对方也会松一口气,认为你是一个可以信赖的朋友。从中,你们可以找到解决的方案。

所以不要纠结于是对还是错,首先应该了解对方这样做的意图是什么。

62

总在分析问题让人疲倦，能和对方产生情感共鸣让人愉快

如果说话太注重逻辑，话题无法愉快地进行下去

在电车上，站在我面前的有两个商务人士，他们正在谈论一件事情："我现在开始减肥了，已经减掉3公斤了！""嗯。那你减肥多长时间了？""有半年了吧。""是运动，还是节食减肥？""我两者都有吧。""那你一天大约摄入多少卡路里呢？""我没详细算过，不过差不多一天1 800卡路里吧。"

像这样的谈话模式，在男士中非常多见。将对方提出的话题以"六何"分析法的形式来提问，我把这种模式叫做"分析式谈话"。乍一看，会觉得这样的提问让人思路清晰。可是让人遗憾的是，总是用数字来分析，直到自己明白得清清楚楚之后才罢休，这样并不能使话题更加愉快地进行，也看不出对方有多高兴。

还有一个例子和上面类似。你的朋友出去旅行，你不断问他"在哪里""去几晚"，也会让对方感觉不舒服。

交流，就是先要使你们的感情互通，将自己的性格脾气都展示给对方。如果总是喜欢对一些事情刨根问底，对方不会愿意跟你分享更多，话题也无法深入地进行下去。当然，你们也不会发展为亲密的朋友关系。

让双方都能产生情感上的共鸣吧

如果你想和对方相处愉快，应该如何进行交流呢？

当他跟你说“我现在开始减肥了，已经减掉 3 公斤了”，就把关注点放到他的心情和性格品质上去吧。“哇塞，3 公斤！真厉害啊！你真是个能够抵住诱惑的人啊！”如果你这样回答他，他的脑子里可能会浮现出“请客”“酒宴”“宴会”“不好的朋友”“妻子”等词汇。先是这样的关键词从脑子里冒出来，接下来就像是播放电视连续剧一样，跟你分享更多。他会继续说：“昨天我本来想吃牛肉火锅的，可是我妻子知道我在减肥，所以我就没吃，忍住了！”

这就像是演电视剧一样，有出场人物，有对话，有感情，有人情味儿。如果你能在对话中引出这些要素，就能和对方愉快地交流。

63

说表面话的人让人疲倦，能将话题落到“我和你”上让人轻松

如果一直沉迷于面子问题，会让人感到无聊

在一家家庭餐馆，大家都在闲聊：“消费税又提高了。”“日本的财政状况真是岌岌可危。”“差不多借款超过 1 000 兆日元了。”

像这样一直谈论时事政治的人，总会让人感到无聊。当然，如果对方对于政治经济这类话题很感兴趣的话，也是没问题的，但是对一般人来说，可能会打着哈欠，觉得很无聊吧。

还有人总喜欢谈论一些像报纸上刊登的带官腔的体育新闻：“松山英树现在可是世界级的高尔夫球手了。”“他的进球率真是很高。”“日本的高尔夫球运动员在世界上不太出名，就是因为日本的高尔夫球场是面向大众的那种，只有简单的设施。”

这种人认为谈话就是谈论一些大家都熟知的时事新闻，这样想的人应该不少吧。特别是男性，在这方面表现得比较突出，所以我们总会见到一些男性朋友一直谈论电视新闻或是网络新闻。

这样做的话，双方很难建立起亲密关系，并且这种关系也不会有深入的发展。

将自己的事情说出来吧

让人感到愉快的人，总会分享一些关于自己或者对方的事情。

“消费税提高了 3%。”别人跟你这样说，你回答：“嗯嗯，是的。但是我的零花钱还没有增加，这不是很奇怪吗？那你的零花钱增加了没？”像这样，尽快地将话题扯到自身相关的方面。

然后对方会回答：“要说零花钱增加，这也不是什么难事。”或者“我妻子心情好的时候会给我一些零花钱，心情不好的话就没有了。”那么，你们就可以聊得火热了。

接下来你也会说：“我也是。我家孩子的零花钱都涨了，我的倒没有。我要是对她有哪个地方做得不好，我的零花钱反而会降下来。”

一开始的话题只是表面上的关于消费税，但是不久之后话题就变成了双方的家庭、夫妻之间的事。这样的话，就算你们是第一次见面，也会马上发展出友谊的。

能够马上和他人发展出友谊的人，会经常观察一些时事新闻对自己的生活产生了怎样的影响。如果从这种角度来看新闻，你就能渐渐变得善于言辞了。

64

断言“不好”让人疲倦，让对方自己感悟到“这是件不太好的事”让人轻松

断言“不好”会招来反感

“我家孩子在周末一点儿也不帮我干家务，净在打游戏。”可是对方突然来了一句责备：“那不是说明你父母当得不好吗？让孩子养成做家务的习惯，不都是父母要负的责任吗？”

像这样没有充足的证据，就被说“那是你的错”，可能每个人都经历过吧。此时的你，一定很窝火吧。你们在一起交流时，某些人就像经验丰富的辩论者，也像法官，总是喜欢评判别人的对错，可是其水平充其量只是个“乡村法官”，只是从表面对事情进行判断。但是，他们的那份自信是从哪儿来的呢？

我想，这是由自己的优越感和支配欲而来的吧。这些人轻易就断言对方“不好”，将自己放在道德制高点上，以此来贬低对方。

如果对方是一个畏首畏尾、特别敏感的人，当事情在往好的方向

发展时，那还万事大吉；但如果对方不是那样的人，那么对爱指责的人来说，就会发生一场灾难。如果爱指责的人直截了当地说“太差劲了”，反而会被对方攻击，最后两人的关系有可能一刀两断。

我们应该知道，我们都没有权力对别人下判断说“你就是不对的”。这样，你的人际关系才能维护好。

通过表达“是这样的”“原来如此”等，让对方主动意识到自身的问题

那么，人际关系很和谐的人遇到那种情况时，应该如何做呢？实际上，他们的内心深处在思考：“有可能是父母对孩子的教育有点问题吧。”但他不会直接表达出来，而是引导对方多说一些。当对方跟你倾诉“我家孩子在周末一点儿也不帮我干家务，净在打游戏”，首先，你要和他起共鸣：“教育孩子真是不容易啊。”像这样，先理解做父母的心情，再开始谈话。你可以这样问对方：“你是用什么语气要求孩子做家务的？”或者说：“孩子有没有说肯定会做家务的话呢？”像这样，鼓励对方说下去。

然后对方会接着说：“我也许应该耐心等等，看孩子是不是会主动去做家务。我自身在教育孩子方面也是有问题的。”通过这种方式，也可以让对方了解到自身存在的问题。

比起被别人说，还不如自己亲身体会。自己亲身感悟到的，才最真切，也记得牢。如果轻率地断言对方“你不对”，有可能会让对方心生怨恨。我们认为理所当然的道理，对于对方来说可能并不是理所当然的。所以，请注意这一点。

65

不懂人情世故让人疲倦，能够大方夸奖谦虚的人让人愉快

说出事实会让人觉得你很毒舌

我的下属自己出版了一本书，封皮的照片拍得太美了。她跟我说："我都花了3万日元了，就是为了看着美。"可是此时，旁边的一位男士不识趣地说："3万日元也太浪费了！"我和下属听到这个回答时，都很尴尬；对面的两个人听到这些话之后，也装作没有听见。气氛顿时变得有些尴尬。

在这个世界上，像这样不会说话的人有不少。他们只是通过自己所看到的表象，就轻易地进行判断。但是在现代社会，掌握好人际交流的方法，是必不可少的武器。

刚才所说的这个例子，我想碰到这种情况，10个人里有9个人都会说："还是本人更漂亮。"或者说："这照片拍得确实和本人一样，特别漂亮。"诸如此类。

这样，被夸奖的人也会明白，这是周围的人对她的好的评价，

是对她所付出努力的认可，为的是建立起一种和谐的人际关系。听到这些好评，她可能会边摆手边微笑说：“哪有的事啊。”这样，对话双方的关系也会被拉近。

对于保持谦虚的人这样回应

在日本，有不少人是非常谦虚的，所以日本人经常会听到“我还差得远”“我的努力还不够”“比我强的人太多了”这类谦虚的言辞。

这种谦虚的言辞在人际交往中是必须的。当然，你也要学会夸奖这些谦虚的人：“不愧是对自己严格要求啊，真有魅力！”“如果你都不努力，这世界上的所有人就都不努力了。”“比你强的人，我想在这世界上也就两三个吧。”

有一些幽默细胞的人也会很受欢迎，并且善于观察对方的优点：“一般人可做不到啊。”“那件事你能立刻反应和表达出来，我想你平时就是很善于思考的人吧。”诸如此类。

像这样，给予谦虚的人夸奖，那么谦虚的人也是会欣然接受的。他们虽然嘴上说“不喜欢人情世故，不喜欢别人夸我”，但心里也是希望你能多夸夸他的。

66 别人夸奖你时只会回答“不是的”让人疲倦，也夸奖别人“你也很棒！ 谢谢夸奖”让人愉快

如果你总是拒绝别人的夸奖，夸奖你的人会觉得和你相处很累

“你总是很努力啊！”“没有没有。不过我倒是经常生气。”“是吗？不过你在我心中可是最优秀的！”“怎么会呢？不要这样夸我。”“加油哦！”“我没有努力啊。”

当我们在夸奖一个“过于谦虚”的人时，总会隐隐约约感到一种气氛上的不融洽，或者会有点不舒服。在日本人中，擅长赞美的人很少，但是不擅长接受赞美的人却很多，有可能是对自身的实力不自信，害怕自己万一出丑让人感到失望吧。那么，请不要杞人忧天，担心多余的事。当别人夸奖你时，你直接回一句“非常感谢”就可以了。

如果你遇到不擅长接受赞美的人，那么你对他的赞美都会成为无用功，只剩下怒火了吧。

像上文所提到的对话，你先回应一句："哎？会经常生气？"这样就跟对方产生了情感上的共鸣。并且可以悄悄告诉他："就算有这个问题，大家也会帮你解决的。"虽然这种人不太喜欢当着别人的面被夸，可是没有人会拒绝别人对自己的帮助吧。那么，他应该会欣然接受的。

大方接受别人的夸奖，并且也学会赞美别人

不能够接受别人的夸奖，还有一个原因就是认为"对方其实心里并不是这么想的，也就是随便说说，或者他是在变相讽刺我吧"。但是，大多数人并不会随意夸奖别人或者说些假话，所以如果一直拒绝被夸奖，是一件挺可悲的事。

另一方面，我们也需要掌握不让对方感到不舒服的夸奖技巧。下面有几项注意事项，或者也可以称为"万能句"：

"谢谢夸奖，这真是我成长的动力啊！非常感谢！"就这样干脆利落地回答对方即可。

"实际上我真的做不到，但我会努力成为一个会说话的人。"这样回答，即使对方可能不是在真心夸奖你，也会从心底里认为"这人很有出息"，对你的评价也会更好。

"被你这么一夸，我真是感到特别开心！"

如果你能这样回应对方，那么无论何种状况，都会应对自如了吧。

67

要花1个小时批评别人的人让人疲倦，能够适可而止地批评让人轻松

不要总是揪着过去的琐事不放

可能谁心里也不愿意经常对别人说教，也不愿意去抱怨什么。但一旦话说出来就止不住的人，应该有不少吧。

比如说，领导可能会批评经常迟到的下属："你迟到的次数也太多了吧！"如果是这样问下属："有什么原因呢？"那么，被批评的对方应该能更容易接受吧。

"你怎么还是和以前一样啊……"像这样，喜欢长时间说教的人总是回忆过去的琐事，而且会以此为导火索，开始喋喋不休起来："你是怎么考虑你的工作的啊！你这样做好吗？"以这种教训人的模式开始批评，然后又会骄傲地谈论自己："我是新职员的时候啊……"不知不觉，就过去了30分钟。

这种人为了不让别人评价自己太啰嗦，还会找借口说："我这都是为你好。"不知不觉，已过去了1小时。此时，对方已经相当疲

倦了，所以你就算再怎么说教，对方都会当作耳旁风。

你自己所认为的说教，其实都是在做无用功。

适可而止地批评对方，让对方拿出干劲儿来

喜欢长时间说教的人，是因为自身有着强大的支配欲。

通过说教让对方道歉，从而感觉自己高高在上，如同形成一种上下级关系。但在不知不觉间，时间就过去了。

然而，被批评的一方是会感受到爱说教的人的这种自傲的态度的，因此想要改变自己的态度和行为的意愿也会大大削减。那种想要对抗你的心情，反而如同熊熊燃烧的烈火一般强烈。

那些不故意刁难别人的人，会将批评人的时间大大缩短。这种人会以事实为依据来表达："你这个月迟到 3 次了。"然后问："你迟到的原因是什么？"并且还会接着问："那么你有什么办法能够明天不迟到呢？"

这样，下属可能会回答说："我会准备两个闹钟，并且在离枕头较远的位置再放一个闹钟。"然后，你可以说："那么你把你的闹钟发给我看看吧。"像这样来确认一下下属所说的对策，并且向他传达你的支持："那么，我还有什么可以帮你的？"

这样做的话，绝对不会伤害下属的自尊心，下属反而会心里愧疚地想："上司竟然还帮助我，真是令人尊敬的领导！我下次可不敢再犯了！"如果他又一次迟到了，那么你就问他："下次你又要采取什么办法才能解决？"和他一起思考这个问题。如果你这样做的

话，下属就会更有思考的动力，其成长也会变得更加迅速。作为领导能够这样通情达理，这样有智慧，我想这个社会也会发展得更快吧。

68

自尊心太强的人让人疲倦，能够坦率承认错误的人让人愉快

自尊心太强是因为不够自信

一位年轻的职员被上司劈头盖脸地骂了一顿，原因是上司指责他没有回信。可是那位职员确实在前一天回家前给上司回信了，并且在自己的电子邮箱中留有记录。为了确认这件事，这位职员查看了一下上司的电子邮箱，发现他昨天的回信记录确实存在，但回信被放在垃圾箱里了。可是他上司依旧不提这事，反倒怪下属，说他把地址填错了。不一会儿，一位女性长辈安慰下属说："咱上司的自尊心真是太强了。"

自尊心这个词，打眼儿一看是个褒义词，可是如果进一步说，自尊心强过了头，就成了"太容易受伤害"。

这位上司应该做的，就是坦率承认自己搞错了，并且向下属道歉。可是，他的自尊心阻止了他这样做。也就是说，自尊心强的人心里想的是："如果我承认了我的错误，我就会被别人七嘴八舌地

说坏话、被议论。”由于这种心理，他们从来都不会认错，人们和这种人相处时也会非常累。

和自尊心太强的人说话，必须要小心谨慎才行。比如你在某方面比上司要出色，和同事聊自己买房子的事，还有关于自己升职的话题等，你都必须要小心谨慎，所以才会让人感到身心疲倦。

真正有气节的人，从来不会轻易被别人中伤

他人不会轻易就伤害到你，能伤害到你的，只有你自己。如果你一开始在心里就想“我这人真不行，干什么都不行”，那么首先你就被你自己伤害了。

那些自尊心非常强的人，会在自己的心中深深地否定自己。如果承认了自己的错误，他们就会在心里对自己说“我不行”，总会偏向于接受这种消极的想法。他们总会被外界的价值观和看法所束缚，比如“他人对自己的认可”“金钱”“社会地位”等，并且还会通过和他人的比较发现自己的不足。接着，他们就开始责备自己，痛苦也就由此而来了。

但是，真正的骄傲是来自于你自身的。那些相信自己、充满自信的人，会将自己爱着的一切、自己所支配的东西、自己爱惜的东西视作珍宝，并且充分承认它们的价值，因而其内心是无比坚定有力的。

当发现下属给自己发来的信息被放在垃圾箱里，可以说一句：“啊，我看到了。对不起啊，我太糊涂了，误解你了。”如果能够这样直率地承认自己的过失，那么同时也是在承认下属自身的价值。

并且，自己的道歉根本不会伤害到自己，你应该为能够坦率道歉的自己而感到骄傲。

那些自尊心太强、很容易被伤害的人，应该转换一下自己的想法，将“我要被爱”变成“我要去爱”。这样做的话，你的内心就会充满平静，就能和这个世界温柔相处了；同时，这个世界也会温柔地对待你。